John Farman
Eine schräge Geschichte der Philosophie

OMNIBUS

DER AUTOR John Farman, geboren 1944, blickt auf eine durch und durch katastrophale Schulzeit zurück. Er wuchs in einer Vorortsiedlung nördlich von London auf, wo ihn Leben und Schule entsetzlich langweilten. Erst der Eintritt in die örtliche Kunstakademie zeigte ihm, was das Leben auch zu bieten hat. Nach dem Studium am renommierten Royal College of Art in London machte er sich als Werbegrafiker selbstständig und betrieb etwa zwanzig Jahre lang ein äußerst erfolgreiches Studio.

Der Wunsch, noch einmal etwas anderes zu machen, brachte ihn Ende der achtziger Jahre zum Schreiben. Seine Bücher richten sich an all jene, denen es heute in der Schule ähnlich geht wie ihm selbst vor vielen Jahren, die dagegen ankämpfen müssen, im Geschichtsunterricht einzuschlafen; aber auch an jene, denen die Ausführungen der Lehrer nicht ausreichen. Täglich erhält er Briefe begeisterter Leser, deren Interesse an Philosophie, Geschichte oder Kunst durch seine Bücher erst geweckt wurde.

John Farman lebt allein in einem großen viktorianischen Turm in Wandsworth. Er hat zwei erwachsene Kinder.

John Farman

Eine schräge Geschichte der Philosophie

Ohne den lahmen Kram!

Aus dem Englischen von
Claudia Wang

Band 20377

Der Taschenbuchverlag
für Kinder und Jugendliche
von C. Bertelsmann,
München

Weitere Bände in Vorbereitung.

Umwelthinweis:
Dieses Buch wurde auf chlorfrei gebleichtem
Papier gedruckt.

Deutsche Erstausgabe Dezember 1997
Gesetzt nach den Regeln der Rechtschreibreform von 1996
© 1997 für die deutschsprachige Ausgabe
C. Bertelsmann Jugendbuch Verlag GmbH, München
Alle deutschsprachigen Rechte vorbehalten
Die Originalausgabe erschien 1996 unter dem Titel
»A Phenomenally Phrank History of Philosophy
(Without the Poncy Bits)«
bei Macmillan Children's Books, London
© 1996 für die Originalausgabe und die
Innenillustrationen John Farman
Übersetzung: Claudia Wang
Die Übersetzung erfolgte im Rahmen des
Verlagsbüros Neumeister-Taroni, Zürich
Lektorat: Brigitta Neumeister-Taroni, Zürich
Umschlagbild: Stefan Oppermann
Umschlagkonzeption: Klaus Renner
kk · Herstellung: Stefan Hansen
Layout: Martin Strohkendl
Druck: Presse-Druck Augsburg
ISBN 3-570-20377-8
Printed in Germany

10 9 8 7 6 5 4 3 2 1

Bertrand Russell
gewidmet, der mal
»Wer?«
knurrte –
und mich damit meinte

INHALT

Starthilfe

Stell dir vor, deine Eltern erzählen dir, dass du von der Erde fällst, wenn du einen Kahn nimmst, losfährst – und vergisst, gelegentlich nach links oder rechts abzudrehen. Oder stell dir vor, dass man mal gedacht hat, die Erde ist sechzigtausend Jahre alt – in Wirklichkeit sind es viereinhalb Milliarden Jahre. Von solchem Problemkram gibt's jede Menge, aber damit schlagen sich die Naturwissenschaften rum. Und eins kannst du mir glauben: Am Anfang brauchten die Menschen jede graue Zelle, um all den Schrecken, die hinter jedem Grasbüschel lauerten, ein Schnippchen zu schlagen.

Aber wie steht's mit Fragen wie: Wer sind wir? Warum sind wir hier? Woher kommen wir? Wo gehören wir hin? Wer ist Gott? Gibt's ihn überhaupt, oder was sonst? Und worum geht's bei dieser sonderbaren Sache namens Denken? Ein bisschen Physik oder Chemie zu betreiben kann relativ einfach sein. Du machst ein paar Experimente und dann weißt du, wie manche Dinge funktionieren. Denken – oder vielmehr darüber nachdenken – ist viel komplizierter. Da lässt sich nicht so leicht was *wissen* oder gar *beweisen*. Wahrscheinlich sagt man deshalb auch: sich den Kopf zerbrechen.

Also hab ich versucht so einfach wie möglich die Sandbahn zu beschreiben, auf der unser Denken seit ein paar tausend Jahren durch die Botanik schlingert – vorwärts, seitwärts und oft genug auch rückwärts. Der korrekte Begriff für diese älteste Sportart der Welt ist ein Wort, das bei den Leuten meist wildes Augenrollen und einen *sofortigen* Themenwechsel provoziert, nämlich PHILOSOPHIE! Wenn dich jetzt gleich der absolute Stress packt, weil du *nichts* davon weißt und dir darum echt beknackt vorkommst – bloß keine Panik. Bevor ich anfing dieses Wahnsinnsbuch zu schreiben, war auch mein Kenntnisstand gleich minus null.

Doch wie meine Kumpels in den Verlagen wissen, scheue ich vor nichts zurück. Ich tigerte los, wenn auch mit schlotternden Knien, um mich durch den philosophischen Dschungel zu schlagen. Ehrlich gesagt, war ich praktisch sicher, mich dabei bis auf die Knochen zu langweilen und am Ende auf ein paar tausend unverkäuflichen Exemplaren meiner »Schrägen Geschichte der Philosophie« sitzen zu bleiben. Es kam anders. Komischerweise fand ich die Expedition supercool und verrückter als erwartet, je mehr ich das obskure Fachchinesisch und den pseudointellektuellen Unsinn durchschaute, mit denen Experten immer um sich schlagen, um ihre Existenz zu rechtfertigen. So richtig ab ging's dann, als ich die brillante Einführung in die Philosophie von S. E. Frost aufstöberte.

Wer sind wir?

Warum sind wir hier?

Woher kommen wir?

Wo gehören wir hin?

Wer ist Gott?

Gibt's ihn überhaupt, oder was sonst?

Und worum geht's bei dieser sonderbaren Sache namens
DENKEN?

1

Am Anfang war ... mehr als ihr vielleicht denkt

In Wörterbüchern finden sich zum Begriff Philosophie so edel klingende Formulierungen wie »Liebe zur Gelehrsamkeit, zur Weisheit, zu den Wissenschaften« oder auch schon mal »Streben nach Erkenntnis«. Ich nenn's mal lieber »Denken und drüber reden«. Gefällt mir irgendwie besser. Halt! Nicht gleich mit Lesen aufhören! Du denkst ja schließlich auch – oder etwa nicht? Also ...

Als Kind habe ich wie so viele Kinder vor und nach mir mit Eric – so hieß *mein* Teddy und sag ja nicht, du hättest keinen gehabt! – in sternklaren Nächten aus dem Schlafzimmerfenster gestarrt. Wir fragten uns, wo diese unendliche funkelnde Schwärze wohl aufhörte und wann und wie ALLES angefangen hatte. Damals war ich noch durchaus geneigt zu glauben, was immer mir Mutter und Vater weismachten. Als lästiger kleiner Taugenichts – inzwischen bin ich ein lästiger großer Taugenichts – begann ich jedoch bald misstrauisch zu werden. In der Sonntagsschule gab's den ersten großen Crash: Ich machte Bekanntschaft mit Akt eins eines Dramas mit dem Titel »Schöpfung« und bekam zu hören, wie ein Gott mit Wundertaten nur so um sich schmiss und die Welt samt Beigemüse schuf (siehe Kapitel 10).

Wie gesagt, ich war ein schwieriges Kind, sehr zum Kummer meiner Eltern. Schon den Geschichten von guten Feen und bösen Geistern oder gar vom Weihnachtsmann hatte ich nie *ganz* getraut. Ich hatte praktisch von Anfang an geschnallt, dass der Typ mit dem albernen weißen Bart und den Latschen niemand anders als mein Vater war, und diese hitparadenverdächtige Erfolgsstory machte mir daher schwer zu schaffen. Hatte Gott *wirklich* beschlossen, sich einen Spaß zu erlauben und ein Riesenuniversum zu schaffen, in dessen Mittelpunkt sich ausgerechnet die Erde befand? Und falls ja, womit hatte er sich denn bitte zuvor beschäftigt? Da steckte ich schon bis über beide Ohren im Schlamassel – und war rettungslos verloren. Die Fragen rissen nicht mehr ab: Hatte er nach den ersten grundsätzlichen Bühnenanweisungen für die Erde tatsächlich eine ewiglange Liste zusammengestellt, mit allem, was er drauf haben wollte – von den Schwarzwurzeln bis zu den Schweinen, von den Dahlien bis zu den Dinosauriern? Und warum hatte er aufgehört – oder auch: warum nicht? Was war mit uns Menschen? Was hat er sich bloß dabei gedacht, als er uns schuf? All die Mühe, Lebewesen zu erfinden, die denken und handeln und damit Techniken entwickeln können, durch die sich ihr Los erheblich verbessert – und die gleichzeitig nicht aufhören können sich gegenseitig massenhaft abzuschlachten, ihre Umwelt zu zerstören und Fernsehprogramme zu produzieren wie *Der Preis ist heiß,* Talkshows am Nachmittag oder *Wetten, dass?* Ja, wie kam er bloß dazu?

Diese Version vom »Anfang aller Dinge« schepperte in meinen Ohren bedenklich. Sie klang einfach nicht *wahr*. Und ich geh mal davon aus, dass genau dieses Gefühl, nämlich ein bisschen verscheißert zu werden, wenn SIE einem die großen Wahrheiten vorsetzen, bei den Philosophen aller Zeiten den Denkapparat anwarf. Was, wenn es Gott nicht gibt?, grübelte ich. Was, wenn unsere Erde und das Weltall reine Zufallsprodukte sind? Was, wenn gar kein größerer Zusammenhang existiert? Was, wenn – wie war das noch mal? – ja, wenn bloß

13

WYSIWYG gilt? Was du siehst, ist, was du kriegst? Und *das* alles ist? Ich fühlte mich furchtbar einsam. Eric auch.

Seit unsere Vorfahren angefangen haben Steinplatten, Papyrus und Wachstäfelchen mit dem voll zu kratzen, was ihnen so alles durch den Kopf ging, gibt's jede Menge Belege über unsere Versuche, zu begreifen, woher wir kommen und warum wir überhaupt da sind. Oft genug verwandelte sich solche Geistesakrobatik in Legenden oder Religionen und wurde von Schriftgelehrten zu Schriftgelehrten weitergereicht.

Manche frühen Hochkulturen, wie etwa die ägyptische und die babylonische, überdauerten Jahrtausende und erfanden  munter immer wieder andere Gottheiten und Religionen. Die Ägypter hielten sich an die einzige Sicherheit, die es im Leben gibt: Sie waren vom Tod besessen. Sie glaubten, dass ihre Seelen in die glühende Unterwelt hinabsteigen, wo sie ein Typ namens Osiris in Empfang nehmen und ihnen – in mehrfacher Hinsicht – Feuer unter dem Hintern machen würde. Je nachdem, was sie oben zu Wege gebracht hatten – oder eben nicht. Damit war die Sache allerdings noch nicht gegessen, denn das Ticket lautete auf Hin-und-zurück. Das heißt, sie glaubten auch noch, dass die Seele irgendwann wieder in den Körper zurückkehrt. Dafür sorgten sie vor – zumindest die, es sich leisten konnten: Die ägyptischen Pharaonen ließen sich von ihren Sklaven einbalsamieren und sagenhafte Gräber errichten, auf dass die von der langen Reise müde Seele sich bei ihrer Rückkehr auf was Schönes freuen konnte. Juchz!

Die babylonische Religion war um einiges vernünftiger. Sie drehte sich mehr um die angenehmen Seiten des Lebens in *unserer* Welt, ohne sich bereits um die nächste zu kümmern. Kommt mir clever vor. Wo wir doch schon mal da sind, nicht? Immerhin ließ sie sich auch echt stark auf Magie, Astrologie

14

und sonstigen übersinnlichen Kram ein. Sie ist damit an deren weltweiten Verbreitung – und an Leuten wie David Copperfield und Elisabeth Teissier – zumindest mitschuldig.

Über die phänomenale Wirkung der griechischen Kunst, Literatur und Mythologie mit ihren naseweisen halb und ganz Göttlichen, den albernen Sagen usw. wissen wir Bescheid. Und viele von uns wissen aus eigener, vielleicht bitterer Erfahrung, dass dieses neunmalkluge Volk Mathe, Physik und verwandte Übel erst richtig erfunden hat. Als absolut Spitze gelten jedoch bis heute die altgriechischen Klassenarbeiten im Fach Denken. Das Christentum lag damals noch nicht mal in den Windeln, denn wir befinden uns gute fünfhundert Jahre vor Weihnachten – dem ersten und echten, versteht sich. Und ohne das Konzept eines einzigen, allmächtigen Gottes wie des unsrigen ließen sich in aller Ruhe Mutmaßungen über die Welt im Allgemeinen und die Natur im Besonderen anstellen, ohne dass man befürchten musste, jemandem dabei auf die theologischen Hühneraugen zu treten. Autsch! Im Ernst: Schon wenig später wurde das richtig gefährlich. Zum ersten Mal in der Geschichte konnte ohne religiösen Maulkorb gepaukt und geforscht werden und das wirkte sich offenbar höchst vorteilhaft aus: Es machte die griechische Kultur erst zu dem, was sie war, nämlich großartig.

Die frühen griechischen Philosophen gingen also frisch ans Werk und versuchten, jeder auf seine Art, Ordnung in den chaotischen Weltmix zu bringen. Dabei begannen sie (was für ein Segen!) mit so läppisch einfachen Fragen wie: Woraus besteht der »Urstoff«, aus dem alles hervorgeht? Auch hatten sie wohl die Irrwege durch das Labyrinth ihrer eigenen Sagen und Mythen längst über, denn sie nahmen sich allen Ernstes vor, ihre Schlussfolgerungen *vernünftig* und *wahrheitsgetreu* festzuhalten.

Der erste Mensch, der sagte, was er dachte – na ja, der erste, an den man sich als solchen erinnert –, war ein gewisser **Thales von Milet** (um 624 – 546 v. Chr.). Solltest du, nachdem du dich durch dieses Buch gekämpft hast, nach jemandem suchen, dem du sozusagen die Ur-Schuld für das ganze philosophische Brimborium unterjubeln kannst, dann ist er dein Typ. Thales mischte im Olivenölgeschäft mit und galt schon zu Lebzeiten als cleveres Kerlchen mit eingetragenem Markenzeichen. Seinen beneidenswerten Platz in der Geschichte eroberte er sich offenbar, indem er a) eine totale Sonnenfinsternis vorhersagte und b) behauptete, alles – selbst er – bestehe aus dem Urstoff *Wasser*. Vielleicht als Ausgleich zum Olivenöl. Das war's in etwa. Na ja, nicht ganz. Da gibt's auch noch den ominösen Satz mit den rechten Winkeln. Aber zurück zum eigentlichen Denksport: Thales hatte beobachtet, wie Wasser zu Eis wurde – auch im Süden kann's ganz schön kalt werden – und sich wieder in Wasser verwandelte, und wenn er es erhitzte, in Dampf und später wieder in Wasser. Daraus zog er flugs den Schluss, wenn Wasser sowohl »hart« als auch »weich« sein kann, besteht durchaus die Möglichkeit, dass vom Kieselstein bis zum Fettkloß *alles* aus dem guten alten HAzweiO hervorgehen und sich – sehr viel später – wieder in eben dieses verwandeln kann. Gebührend entschädigt für seine Denkarbeit ging er als einer der Sieben Weisen Griechenlands in die Geschichte ein.

Nun fragst du dich vielleicht: Was? Das soll der Anfang der Philosophie gewesen sein – was war denn daran so großartig? Ja was wohl? – Der Anreiz, ihm zu widersprechen. Wie die menschliche oder in diesem Fall die griechische Natur nun mal beschaffen ist, dauerte es nicht lange, bis jemand anders daherkam und etwas völlig anderes behauptete.

Für **Anaximander** (um 611 – 549 v. Chr.), einen netten Jungen von nebenan, lag Thales mit seiner ziemlich feuchten

Theorie völlig daneben. *Er* behauptete, dass *alles* aus einer einzigen, dafür entsprechend umfangreichen Lebensmasse namens *Apeiron* entsteht. Sie ist grenzenlos und – ich kann wirklich nichts dafür – schlammartig. Igitt! Ja, alles, außer, Anaximander sei Dank, die Menschen, die aus – äh … etwas anderem entstehen. Dieses andere ist eine, allerdings nicht näher bezeichnete Art Fisch. Unsere Erde, behauptete Anaximander darüber hinaus zielstrebig, ist zylindrisch und schwebt frei im Zentrum des Alls. Nicht schlecht, Anaximander, aber … FALSCH!

Bleiben wir in Milet. Dort scheint es überdurchschnittlich vielen Leuten Spaß gemacht zu haben, rumzusitzen und große Fragen zu wälzen. Als Nächster mischte **Anaximenes** (um 588 – 527 v. Chr.) mit, ein Schüler Anaximanders, der seinen Lehrer ganz schön austrickste. Wer möchte das nicht? Für ihn heulten Thales wie Anaximander den falschen Mond an. Weder Wasser noch Schlamm, sondern *Luft* setzte er seinem gebannt lauschenden Publikum als Urstoff vor. Und wieder kein Hundekuchen. Weil Tiere wie Menschen schließlich Luft zum Atmen brauchen, schloss er messerscharf, dass sich Luft irgendwann in Fleisch, Knochen und Blut und folglich auch in Wind, Wolken, Wasser, Erde und Stein verwandelt haben muss. Den schon damals kursierenden Gerüchten, die Erde sei möglicherweise eine Kugel, schenkte er übrigens kein Gehör. Er sah sich – und uns – vielmehr einsam und hilflos auf einer verirrten Scheibe im All treiben. Vollkommen logisch übrigens, denn andernfalls wären ja alle, die nicht auf dem höchsten Punkt der Kugel leben, längst runtergefallen. Mit der Schwerkraft war es damals noch nicht weit her.

Diese so genannte *Schule von Milet* verdient ihre Eins mit Stern nicht in erster Linie für das, was sie denkakrobatisch zu

Wege brachte, sondern mehr dafür, dass sie es überhaupt versuchte. Thales und Co. hatten in null Komma gar nichts mit menschlichen Begierden und Gefühlen – zum Beispiel der unbezähmbaren Lust auf einen Big Mac – oder so was wie den Zehn Geboten am Hut. Ihre Theorien sind sozusagen rein naturwissenschaftliche Versuchsballons. Die Fragen waren gut – die Antworten, zugegeben, etwas gesucht, aber wir wollen nicht kleinlich sein. Schließlich brachten sie ganze Schwärme von Leuten auf Trab, die nach nichts anderem mehr suchten als nach der WAHRHEIT. Nicht ganz uninteressant ist in diesem Zusammenhang die Tatsache, dass in unseren Breitengraden zu der Zeit die Eisenzeit noch voll in Gang war: Schwertklingen ja, von Denksport keine Spur.

Doch zurück unter die südliche Sonne: Nichts davon ist brauchbar, gab ein gewisser **Heraklit** (um 544 – 483 v. Chr.) dem geistigen Wanderverein aus Milet zur Antwort. Auch er beteiligte sich nicht weniger eifrig mit Lösungsvorschlägen am Spiel »Wo liegt der Hund begraben?«. Da im Weltall nie was bleibt, wie es ist, mutmaßte er (heikel, heikel), dass es aus *Feuer* besteht. Und warum gerade Feuer? Weil Feuer sich *auch* ständig verändert. Wer sagt's denn! Außerdem hatten wir das noch nicht. Seiner rätselhaften, knappen Sprüche wegen wurde er übrigens damals schon der »Dunkle« genannt, Ur-Batman sozusagen. Ein Beispiel dafür ist seine geradezu atemberaubende Einsicht: »Wir können nicht zweimal in denselben Fluss steigen.« Und warum? Weil beide, sowohl *du* wie *er,* sich – du hast es erraten – ständig verändern. Damit hielt er offenbar alles für geklärt. Auch mit Gegensätzen und ihren Auswirkungen verfuhr er durchaus originell. So verkündete er tiefsinnig, wer nie krank war, hat keine Ahnung von Gesundheit, und wer nie gefroren hat, weiß gar nicht, was Wärme ist. Gilt dann auch, dass du nicht weißt, wie es ist, zu den Kleinen zu gehören, bevor du groß geworden bist? Lass uns weiter rätseln, Heraklit!

Alles Quatsch, meldete sich **Pythagoras** (um 540 – 497 v. Chr.) nur wenig später zu Wort. Richtig, der Typ mit dem rechtwinkligen Dreieck. Er wusste es noch mal besser. Er fand heraus, dass man alles, sogar den Abstand zwischen zwei Tönen, messen kann und dass alle möglichen Dinge mit Hilfe geometrischer Kritzeleien erst richtig anschaulich werden. Das hieß für ihn nichts anderes, als dass *Zahlen* das Wesen des Urgesetzes bilden, dem das All gehorcht. Als weiterer, hochaktueller Beitrag zum modernen Denken ging seine Ansicht in die Geschichte ein, dass der Mensch weder Lämmer (sprich: Tiere) noch Bohnen (sprich: Pflanzen) essen soll. Nicht etwa wegen Rinderwahn und Nitraten, sondern weil auch diese Lebewesen eine Seele haben. Schön, nicht? Er gründete sogar einen Klub, der sich unter anderem im vollkommenen Schweigen übte *(Das Schweigen der Bohnen?),* und glaubte an Seelenwanderung. Ja, er behauptete sogar, sich an frühere Leben erinnern zu können. Unsere Seele, als solche selbst göttlich, könnte nach diesem Mathegenie gut und gern mal ein Tier oder eine Pflanze gewesen sein. Außerdem kann sie sich von uns loseisen und zu ihren Mitseelen in der kosmischen Welt trampen, wo es ihr anscheinend besser gefällt. Aber nur, wenn wir fromm und maßvoll leben. Na? Wo bleibt *deine* gute Tat für heute?

Sie alle haben ein bisschen Recht, meinte gnädig **Empedokles** (um 490 bis um 430 v. Chr.), der berühmte Dichter, Redner, Wissenschaftler, Staatsmann, Wundertäter und selbst ernannte Gott – aber gleichzeitig eben auch wieder nicht. Richtig ist, so verkündete er, dass sich das All aus kleinsten Teilchen Luft, Erde, Feuer und Wasser zusammensetzt, die sich unter dem Einfluss von Liebe und Hass miteinander verbinden und voneinander trennen. Wie das? Vielleicht stellst du dir einfach mal kurz vor, was mit dir geschieht, wenn dir dein Schmusekater um die Beine streicht, und was, wenn deine kleine Schwester schon wieder deine Lieblings-CD geklaut hat. Für Empedokles war alles schon immer da, quicklebendig und zum Denken fähig, wobei wir Menschen von dieser Gabe etwas mehr abbekommen haben. Was allerdings *nicht* verhindert hat, dass wir *alle* und ohne lange zu fackeln, mehrere Exemplare der Gattung als Gegenbeweis für diese Behauptung anführen können. Wie Pythagoras hielt auch Empedokles die Seele für unsterblich. Seine Behauptung, dass sie aus der ewigen Tretmühle von Geburt und Wiedergeburt nicht rauskommt, begründete er kurzerhand mit ihrer leider erheblich ausgeprägten Unart, immer wieder vom Pfad der Tugend abzufallen.

Die guten Menschen im sizilianischen Akragas, wo Empedokles lebte, fanden all diese Gedankengänge unglaublich genial. Von seinem eigenen Erfolg geblendet, bestieg unser Held den Ätna und stürzte sich in den Krater, überzeugt, auf diese Weise seine *Göttlichkeit* und somit Unverwundbarkeit beweisen zu können. Leider war er weder das eine noch das andere.

Als dies geschah, machte schon seit einiger Zeit eine Philosophenschule aus dem süditalienischen Elea und mehrere ihrer – nicht gerade phantasievoll, dafür praktisch – *Eleaten* genannten Absolventen von sich reden. Den Spitzenplatz hielt ein Typ namens **Parmenides** (um 515 – 450 v. Chr.). Er stammte aus der Gegend und philosophierte in verführerisch dichterischen Versen, in denen Göttinnen und Sonnenmädchen eine entscheidende Rolle spielen. Was für ein kluger Mann! Sein Hauptgedicht schildert einen Trip zu einer Göttin im Reich der Wahrheit, die ihm verrät, dass das Seiende notwendig sein müsse und nicht nicht sein könne, denn sonst müsste es sowohl sein wie auch nicht sein. Völlig einleuchtend, Eure Gottheit! Parmenides machte daraus in etwa die Theorie, dass es weder Werden noch Bewegung gibt, sondern allein unveränderliches, immer während Sein, in der Art »Und ewig singen die Wälder«. Was sich zu verändern scheint oder sonst nicht reinpasst, ist Illusion. Fazit: Parmenides glaubte, aus nichts könne nun mal nichts werden – was zumindest meinen Kontostand erklären würde.

Er und seine eleatischen Weggefährten versteiften sich so sehr auf ihre Vorstellungen, dass sie schließlich nicht mal mehr den eigenen Augen trauten und felsenfest überzeugt waren, dass ihnen die Sinne lauter Hirngespinste vorgaukelten. Sie verließen sich lieber auf das *Denken,* eine Strategie, die später unter dem Begriff *Rationalismus* in die Geschichte einging!

Anaxagoras (um 500 – 428 v. Chr.) hieß ein Typ, der die gute alte Sonne als weiß glühenden Steinklumpen identifizierte, größer als ganz Südgriechenland – und prompt als gottloser Dummkopf verbannt wurde. Sagte ich schon, dass Denken gefährlich ist, je näher man der Wahrheit kommt? Auf lange Sicht machte auch sein anderer »Grundgedanke« Furore: dass sich alles aus allem zusammensetzt und der Unterschied nur in der jeweiligen Menge der Anteile liegt – außer beim Geist. Der vermischt sich nicht, sondern lenkt die Verteilung. Das heißt, das Produkt jeder Verwandlung, egal was dabei herauskommt, ist schon in der Urpackung vorhanden. Auch ließ er sich nicht davon abbringen, dass Materie theoretisch unendlich teilbar ist. Ganz schön clever der Typ, nicht?

Alles in allem ist es wohl nicht übertrieben zu behaupten, dass die griechischen Philosophen zu diesem Zeitpunkt ganz schön in der Patsche saßen. Fast jeder zog an einem andern Strick. Die einen glaubten, alles sei Teil von allem, und andere, alles sei Wasser oder Schlamm oder Luft oder Feuer oder Zahlen (Zutreffendes bitte ankreuzen). Für manche blieb nichts länger als einen Augenblick, wie es war, während andere behaupteten, in Wahrheit verändere sich gar nichts. Und noch mal andere mixten sich sonst was zusammen.

Da machte zum Glück gerade im rechten Moment ein Humorist namens **Demokrit** (um 460 – 370 v. Chr.) von sich reden. Um seinen Ruf als der »lachende« Philosoph zu wahren, bediente er sich aus einer wohl unübertrefflichen Trickkiste. Zum Beispiel blendete er sich, damit er wieder lachen konnte.

Das kam so: Es heißt, dass er dem Charme vieler Frauen gleichzeitig erlag und nicht mehr aus noch ein wusste. Er selbst nannte diesen Zustand eine der schlimmsten »Verblendungen«, was bereits Böses ahnen lässt. So kam er zum Schluss, wenn er sie nicht mehr *sehen* könne, löse sich das Problem ja wohl von allein. Zugegeben, eine drakonische Maßnahme, aber bestimmt wirkungsvoll und auch nicht ganz ohne Logik. Zum Denken reichte der Rest offenbar aus.

Demokrit hatte nichts gegen die bisherigen Vorstellungen einzuwenden, nach denen das, was sich draußen in der Natur so abspielt, nicht zwingend bedeutet, dass sich etwas »verändert« (siehe Parmenides). Aber er schlug als »Beweis« eine andere geistige Hilfskonstruktion vor. Er behauptete, dass sich alles aus Unmengen winzigster, unsichtbarer »Teilchen« zusammensetzt. Diese nannte er Atome (das griechische Wort für »unteilbar«) kleine, mit Häkchen übersäte Dinger, die durch das All schwirren und sich von Zeit zu Zeit ineinander verhaken, um irgendwas zu bilden. Ich bin überzeugt, der Spruch vom »Sack Flöhe hüten« stammt von ihm. Aus solchen Atomklümpchen kann buchstäblich *alles* entstehen, das

Matterhorn ebenso wie eine CD – na ja, *damals* noch nicht, aber lassen wir den Faktor Zeit mal kurz weg. Ob das Matterhorn (wann auch immer) oder die CD (bestimmt fixer) den Weg alles Irdischen geht: So was passiert immer dann, wenn die Atome getrennte Routen einschlagen und ins All entschwirren, um sich was Neues einfallen zu lassen. Alles klar? Ist doch ganz einfach: Selbst wenn du sämtliche Atome einfängst, aus der die kaputte CD zusammengesetzt war, sie in eine Schachtel packst und etwas durchschüttelst, würdest du beim Öffnen nicht die ganze CD mit den einzelnen Stücken in der richtigen Reihenfolge vorfinden. Oder hast du das etwa erwartet? Dann bist du noch nie auf eine CD getreten.

Mit seiner Glanzidee hat sich Demokrit einen Lorbeerkranz voll verdient, denn er hat praktisch ins Schwarze getroffen. Die moderne Atomlehre ist fast dreitausend Jahre später ebenso weit gekommen. Auch sie behauptet, dass sich alles aus Atomen zusammensetzt und diese in der Tat die Angewohnheit haben, sich zusammenzutun und wieder auseinander zu fallen. Das bedeutet, dass ein »ehemaliges« CD-Atom eines – sagen wir – Clapton-Songs sich später ohne weiteres mit den Kumpeln einer Mozart-Sinfonie zusammentun kann – oder seh ich das immer noch zu eng?

Im Gegensatz zu vielen Denkaposteln vor ihm hielt Demokrit nichts von göttlichen oder sonstwie ausgestatteten Kräften, die diesen Vorgang von außen lenken. Aber er glaubte an die Seele im Menschen. Sie besteht auch aus Atomen, allerdings solchen besserer Qualität als der restliche Schamott. Und nun versuch *das* mal in der modernen Atomlehre nachzuweisen!

Bis dahin hatten sich die griechischen »Denkschulen« noch damit begnügt, die Menschen als Bestandteile des Universums zu betrachten, die sich aus dem gleichen, wenn auch etwas aufpolierten Material zusammensetzen wie der Rest. Um sich davon abzuheben und etwas Abwechslung in den philosophischen Eintopf zu bringen, riefen die *Sophisten* die Menschen zum Mittelpunkt des Universums und zum »Maß aller Dinge« aus – ein Gedanke, der sich wieder zunehmender Beliebtheit erfreut. Das Wort »Sophist« bedeutete damals noch »Wissenschaftler«, heute aber bezeichnenderweise auch »Wortverdreher«. Die Sophisten erlösten uns Zweibeiner ohne Fell und Flügel aus der Unabänderlichkeit des Naturgesetzes und setzten uns den Floh ins Ohr, wir könnten unser Schicksal selbst bestimmen (siehe dazu auch Sokrates).

Zu den bekanntesten Sophisten zählt **Aristippos** (um 435 – 366 v. Chr.). Sein Lebensziel: so viel Fun wie möglich, und zwar subito. Lust war ihm das Höchste und von seiner Liebsten Lais sagte er sinngemäß: »Ich habe Lais, aber sie nicht mich.« Worin er sich möglicherweise gewaltig täuschte (siehe Demokrit). Immerhin ist die Bemerkung als Kurzformel für den Egotrip ganz gut zu gebrauchen: Zuerst komm ich – und die andern sollen gefälligst selbst sehen, wo sie bleiben.

Sokrates (um 470 – 399 v. Chr.), dessen Schüler Aristippos war, fand ein bisschen Sophismus nicht das Letzte. Auch ihm konnten die Probleme des Universums gestohlen bleiben. Er schlug sich lieber mit seinen eigenen und denen seiner Mitmenschen herum. Sonst rümpfte er allerdings seine feine Nase über die Konkurrenz, weil sie sich für ihren Denksport offiziell bezahlen ließ, während er ihn, wie er sagte, einzig aus Liebe zur Weisheit betrieb – und unter der Hand was dafür kriegte. Sokrates war übrigens einer der ersten international anerkannten Schlauköpfe, und zwar nicht zuletzt deshalb, weil er kein Wort niederschrieb, sondern sich darauf verließ, dass sein nichtzahlendes Publikum seine Weisheiten »verkündete«. Überhaupt scheint er sich einer höchst aufreizenden Arbeitsweise bedient zu haben. Er schlenderte mit Vorliebe über die öffentlichen Plätze von Athen, spielte den Dummen und belästigte arglose Passanten mit endlosen Fragen, ohne dabei jemals die ihren zu beantworten. Ich kann so was einfach nicht ab. Da tat er so, als könne er nicht bis drei zählen, ließ die Leute (nur mit Sandalen an den Füßen!) in ein Fettnäpfchen nach dem andern treten und hielt ihnen zuletzt sozusagen als Nebenprodukt ihrer Beschränktheit ein paar *Wahrheiten* vor die Nase. Pfui!

Aber er konnte sich in den obersten Rängen der ewigen Hitparade behaupten. Und warum blieb er jahrhundertelang im Gespräch? Weil er, als einer der Ersten überhaupt, mit Naturgesetzen nichts am Hut hatte. Fragen wie: Woraus besteht die Erde?, wo befinden wir uns in Bezug auf die Sonne? usw., stellte er gar nicht erst. Er ging anderen Rätseln nach, etwa: Gibt es ein Grundprinzip, das über richtig und falsch entscheidet? Oder: Was ist das Höchste, an dem alles andere gemessen werden kann? Auf diese schlichte Frage lautete seine Antwort übrigens: *Tugend ist Wissen.* Au Backe! Musste das sein?

Sokrates ging von der etwas sehr optimistischen Annahme aus, dass im Grunde niemand wirklich schlecht sein will. Daraus folgerte er: Alles, was wir wissen müssen, ist die Unterscheidung zwischen Gut und Böse, um uns dann an das Gute zu halten. Logisch, nicht? Also ganz fix die Beine in die Hand, um das Gute aufzuspüren. Nussnugatsahneeis zum Beispiel! Wenn wir unser Leben nämlich diesem Streben nach dem Guten widmen, werden lauter edle Wesen aus uns. Als weiteren Anreiz stellte Sokrates dabei in Aussicht, dass die edlen Wesen durch ihr Wissen um Gut und Böse ihr Los beeinflussen können, sowohl hier auf Erden wie auch dort, wo sie dereinst landen. Womit uns Menschen zum ersten Mal ein bisschen Wahlfreiheit am Steuer des Lebens zugestanden wurde – was Aristippos dann weidlich zu seinen Gunsten auslegte. Auf den alten Sokrates gestützt, heißt das, wenn jemand zum Schuft oder Lump wird, hat er eben seine Wahl getroffen – nur leider die falsche. Ganz schön hartes Brot, nicht wahr, wo wir doch *Fettes Brot* viel lieber mögen.

Sokrates' »göttliche Stimme« ging den Athenern allmählich auf den Wecker, und als sie sie nicht mehr hören konnten, warfen sie ihm kurzerhand Gottlosigkeit und Verführung der Jugend vor. Sie fanden dafür auch ein paar »Beweise« und verurteilten ihn zum Tod. Er musste den Schierlingsbecher trinken und das brachte ihn ein für alle Mal zum Schweigen. Erst hinterher wurden offenbar die Dummen klug – wie so oft. Sämtliche späteren Denkschulen im alten Griechenland lobten ihn über den grünen Klee – mit Ausnahme der Epikureer (siehe dort). Diese nannten ihn den »Narren von Athen«.

Führendes Mitglied in Sokrates' Fanklub war ein Reicheleutekind namens **Platon** (um 427 – 347 v. Chr.). Er schrieb – allerdings erst in der Nach-Schierlingsbecherzeit – derart viel von dem auf, was sein Vorbild verkündet hatte und was *er,* Platon, davon hielt, dass schon bald niemand mehr genau sagen konnte, was vom einen und was vom andern stammte. Da ich Sokrates schon immer unausstehlich fand (siehe oben), habe ich mich im Zweifel für Platon entschieden und schreibe daher alles Folgende ihm zu. Was dagegen?

Platon aalte sich nicht wie Sokrates im Gefühl, die Weisheit für sich gepachtet zu haben. Er war eher von der bedächtigen Sorte und auf einen Mittelweg zwischen den Ansichten der Sophisten und dem bunten Allerlei der so genannten *Vorsokratiker* aus, die herauszufinden versucht hatten, wo denn der Mensch im Universum am ehesten reinpassen könnte. Für

Platon waren wir Menschen darum das Maß aller Dinge, weil in uns – ob wir nun wollen oder nicht – etwas Software in Form bestimmter allgemeiner Prinzipien, Vorstellungen, Konzepte und Ideen bereits vorinstalliert ist. So ähnlich wie MS-DOS im PC vielleicht. Die Wirklichkeit sah er als einen Haufen nicht ganz gelungener Abbilder reiner, unveränderlicher Ideen. Diese hehren Idealdinger können wir zwar nur im Denken begreifen, aber das braucht uns nicht zu jucken. Denn indem wir sie begreifen, kommen wir zugleich mit der Wirklichkeit klar und sind in der beneidenswerten Lage, die ewige, große Frage zu beantworten: »Wo liegt …« Ihr wisst schon. Dieser, nämlich der Hund wie überhaupt das Tier, kann das nicht. Es ist, so Platon, unbeseelt und kann nicht denken, obwohl es aus derselben Produktionsstätte stammt.

Die Sophisten waren flexibel und daher der Ansicht, Begriffe wie Gut und Böse seien von Ort zu Ort verschieden. Das heißt, was in Hinterlitzchen als Todsünde gilt, ruft in Berlin nicht mal ein müdes Lächeln hervor. Sokrates dagegen war stur und für absolute Regeln für *alles,* und zwar zu jeder Zeit und *überall.* Platon aber übertraf selbst das noch. Für ihn waren Begriffe wie Gut und Böse nicht nur etwas für uns Menschen ewig und unabänderlich Gültiges, sondern *ihrem Wesen nach.* Na, wer sagt's denn?

Die Welt der Sinne, die wir sehen, fühlen, hören, riechen und schmecken, sagte er, verändert sich ständig. Also ist darauf kein Verlass. Das fand er *schlecht* – ich durchaus nicht immer. Die Welt der Ideen dagegen ist rein und unveränderlich, also *gut* – was mich betrifft: siehe oben. Wir Menschen können die reale Welt nur erkennen, wenn wir denken. Deshalb ist die Denkkraft unser höchstes Gut. Denkste, dachte der Muskelprotz. Ziel unseres Lebens ist, so Platon, die Erfüllung des Strebens, dass die Seele sich vom Körper löst, in dem sie gelebt hat, um in die *reale* Welt der Ideen eingehen zu können, wo Körper weder erwünscht noch nötig sind. Das Ganze wird zusammengefasst unter dem Begriff *Ideenlehre*.

Doch auch Platon kam nicht drumherum zuzugeben, dass es mit dem Denken allein nicht getan ist. Es unterscheidet uns zwar als fast Einziges vom Affen, aber Gefühle, Wünsche und Gelüste haben wir nun mal ebenso. Echt Spitze, dass er das eingesehen hat, nicht? Ich werf mal gerade was Süßes ein. Und weiter geht's: Ein »gutes« Leben führst du dann, wenn all diese Puzzleteilchen glücklich Seite an Seite wuseln, das Denken aber das Sagen hat. So jedenfalls sah es Platon.

Er wurde nicht müde zu verkünden, wie ähnlich sich alle Naturerscheinungen sind, und hielt so alltägliche Dinge wie Tische, Stühle, Blumen und meinetwegen auch Waschmaschinen für nichts weiter als schlechte Kopien perfekter Formen. Von den perfekten aber gab es für ihn nur eine begrenzte Anzahl. Sie sind im kosmischen (nicht komischen) Lagerhaus – nämlich im Himmel – in Regalen hübsch gestapelt. Dort gibt's auch Regale für Formen abstrakter Werte wie Schönheit, Güte, Wahrheit, Liebe und Soulmusik sowie für so Abartiges wie Bosheit, Hässlichkeit, Pickel und Talkshow-Gäste. Diese Formen oder Ideen sind sozusagen die Muster und alles, was wir um uns erblicken, bis zu einem gewissen Grad nichts weiter als schlechte Kopien davon. Aber kannst du dir echt einen *noch* schlechteren Original-Talkshow-Gast vorstellen? Kunst hatte Platon schon gar nicht erst auf Lager – aus verständlichen Gründen, denn er sah in ihr bloß die Kopie einer Kopie: erst die Idealblume in seinem himmlischen Regal, dann die Rose in meinem Garten und zum Schluss mein Bild davon. Seufz, vielleicht hatte er Recht.

2

Senkrechtstarter Aristoteles und andere Leuchten

Echt zuzuspitzen begann sich das Gerangel in der Philosophenszene, als **Aristoteles** (um 384 – 322 v. Chr.), ein Arztsohn aus Stagira irgendwo in Makedonien, in der Hitparade »Bester Philosoph aller Zeiten« gewaltig aufholte und seinen Lehrmeister Platon schließlich überrundete. Was er von diesem hielt, hat er in die etwas sehr vorlaute Bemerkung gepackt: »Platon ist mir teuer, noch teurer aber ist die Wahrheit.«

Im zarten Alter von siebzehn und vermutlich mit nicht zu knapp Einsen mit Stern im Gepäck trat er in Platons hochtrabende »Akademie« in Athen ein, zuerst als Schüler und später als Lehrer. Als Platon über die Wupper ging – oder, genauer, Styx-Lotse Charon in die Hände geriet –, verließ unser Senkrechtstarter die Akademie, um für Philipp von Makedonien – von Beruf König – die Erziehung Söhnchen Alexanders zu übernehmen: Mit ihm hatte Vater Philipp GROSSES vor. Nachdem Aristoteles dieses nicht unbedeutende Kunststück vollbracht hatte, kehrte er nach Athen zurück, um eine Schule namens Lykeion zu gründen und gründlich nachzudenken.

Er stimmte gnädig zu, dass es »Ideen« ebenso gibt wie »Materie«, aber er ließ auf Teufel komm raus nicht gelten, dass es sich dabei um zwei voneinander unabhängige Dinge handelt.

Er fand es einfach absurd anzunehmen, Ideen – oder »Formen«, wie er sie nannte – waberten einfach so in der Gegend rum oder würden gar in himmlischen Regalen verwahrt, wo doch sonnenklar ist, dass sie den Dingen *innewohnen* – und zwar *allen* Dingen. Heißt das, dass mein Rosenbild doch nicht ganz so schlecht ist? Form und Materie, so behauptete er schlankweg, lassen sich nun mal nicht voneinander trennen und es hat auch gar keinen Sinn, es zu versuchen. Statt brav am Gedankengerüst seines Vorgängers Platon weiterzubosseln und zu sagen, alles um uns herum sei die Kopie einer perfekten »Form«, bevorzugte Aristoteles also die Ansicht WYSIWYG. Hatten wir das nicht schon? Richtig: Eric und ich am Schlafzimmerfenster. Großzügig erlaubte unser neuer Guru auch die Umkehrung dieser Formel.

Ein Beispiel: Nimm einen Kern … egal was für einen. Sagen wir einen Apfelkern. Seine Form enspricht mehr oder weniger jener aller anderen Apfelkerne. Einverstanden? Okay. Obwohl es sich bei deinem Kern um einen besonderen, einzelnen Apfelkern handelt, dürfen wir diese allgemeine *Form* »Kern« niemals von ihm getrennt betrachten. Und natürlich ist dieser Kern zugleich nicht nur Form, sondern auch *Materie*. Damit unser kostbarer und einzigartiger Apfelkern überhaupt existiert, *muss* er sich als Materie verwirklichen, und je besser ihm dies gelingt – desto perfekter ist seine Form verwirklicht. Uff! Das Ganze noch mal. – Und jetzt weiter. Dem Kern in unserer Hand – der möglicherweise ganz zufrieden ist, dass er materiell gesehen nur ein Kern ist und nichts sonst – wohnt eine weitere Form inne, die ihm aber auch ganz gut gefällt. Und das ist? Richtig: die eines Baums, genauer gesagt … eines Apfelbaums.

Also stecken wir ihn in die Erde und schon strebt er munter dem Baumsein entgegen. Ende der Geschichte? Nicht ganz.

Nehmen wir an, unser Baum hat Pech, wird gefällt und zu irgendwas verarbeitet, sagen wir mal zu geschnitzten Äpfeln. Dies hat – nicht nur, aber auch – philosophische Folgen. Dadurch wird nämlich der Apfelbaum zur Materie und ein einzelner geschnitzter Apfel zur Form, die der Baum als Nächstes realisieren möchte. Geschnallt? Egal ob Apfelkern, Baum oder Holzapfel – immer ist Materie *und* Form vorhanden. In all den verschiedenen Stadien stellt der Gegenstand sowohl die Realisierung der Form wie auch die des Materials dar, das nötig ist, um die Form zu realisieren, die der Gegenstand als Nächstes verkörpern will. Fazit: Die Ideen oder Formen *selbst* verändern sich nie.

Die Form »Kern« bleibt auf immer und ewig die Form »Kern« und hat nicht die geringste Aussicht, zur Abwechslung auch mal die Form »Baum« zu werden. Und das gilt auch für alle anderen Formen. Materie aber, so kam Aristoteles zum Schluss, nimmt ständig neue Formen an. Und in diesem eifrigen Streben der Materie nach neuen Formen erkannte unser Held so was wie des Pudels Kern, mit dem sich das Universum erklären lässt. Wau!

Alles und jedes, so behauptete er, hat seinen Platz. Weshalb schwimmen Fische im Wasser? Weshalb fliegen Vögel in der Luft? Weshalb fallen Äpfel zu Boden? (Die Reihe lässt sich beliebig fortsetzen.) Auf all diese tiefsinnigen Fragen hatte er eine einfache, Zeit sparende Antwort – *weil es in ihrer Natur liegt.* Worauf ich nie gekommen wäre.

War Aristoteles nicht gerade mit tief schürfenden Aussagen über das Universum beschäftigt, erfand er so erstrebenswerte Dinge wie die Logik, die Semantik, das biologische Ordnungssystem, den Hula-Hoop und die Metaphysik (Reihe nicht vollständig, dazu ein Punkt falsch: Finde ihn raus!). We-niger gelungen ist seine Behauptung, Frauen seien »unfertige Männer«, weil einzig auf passiv und empfänglich programm-miert. Möchte mal wissen, was *er* für Erfahrungen hatte. Ich seh das entschieden anders. Für ihn waren Frauen gerade gut genug, die kostbaren Samen in Empfang zu nehmen und auf-zupäppeln, mit denen Männer in ihrer uneigennützigen Her-zensgüte lauter Topqualitäten an künftige Sprösslinge weiter-geben. Anders gesagt: Die Boys stellen die »Form« und die Girls die Erde oder «Nährsubstanz«, in der sie wächst, eine Ansicht, die sich, wie ich leider berichten muss, fast das ganze Mittelalter über hielt. Doch großzügig, wie wir sind, wollen wir Genies nicht an ihren Irrtümern messen und halten uns an das, was sie etwas länger überdauert hat.

Wir nähern uns jetzt dem Ende des vierten Jahrhunderts vor Christus und können ruhig alles, was sich vor diesem Zeit-punkt abspielte, unter dem Begriff *Naturphilosophie* in einen Topf werfen. Inzwischen ging's mit Athen als Denkerhaupt-stadt rapide bergab. Das war mehrheitlich den Possen von Aristoteles' ehemaligem Schüler Alexander zuzuschreiben. Der lebte seine Größe dahin gehend aus, dass er sich alles unter den Nagel riss, was ihm vor das Schwert kam. Orient und Griechentum rückten einander immer näher. Das blieb nicht ohne Folgen: Der Nachwuchs hieß *Hellenismus* und ter-rorisierte unter anderem Makedonien, Syrien und Ägypten. Nun hieß es für dreihundert Jahre, *helle* ist, wer *Griechisch* spricht ... bis die guten alten Römer diesem Marketing-Kon-zept endgültig den Rang abliefen.

So um 50 vor Christus übernahmen sie auf der ganzen Linie das Kommando, politisch und – wesentlich durchschlagskräf-tiger – auch militärisch. Ihre Zeit als Anhängsel Altgriechen-lands gehörte im Nu der Vergangenheit an. Letzteres, Altgriechenland nämlich, war damit als überstaatliches Kontrollzentrum zwar praktisch weg vom Fenster, ließ sich aber seinen Denksport und verwandte Disziplinen – mit einigen orientalischen Gottheiten gewürzt – zum Glück nicht so leicht vermiesen. Vermutlich hatten die mehr praktisch veranlagten und im Fach Denken ziemlich faulen Römer aber ohnehin null Bock darauf, in dieser Branche was Eigenes zu erfinden. Sie interessierten sich mehr für Kriegsspiele und das Abfeiern von Partys. Da sie den Tod fürchteten wie der Teufel das Weihwasser, hatte Philosophie höchstens Chancen, wenn sie in dem Marktsegment was ausrichten konnte. Und um dieses Ende zu packen, spannten Religion und Philosophie zusammen und begruben das Kriegsbeil.

Ohne ganz falsch zu liegen, kann man sagen, dass sich in der hellenistischen Philosophie alles um die Frage drehte, *wie* die Menschen leben und – da es sich nun mal nicht verhindern lässt – *wie* sie sterben sollten. Ethik oder Morallehre hieß dieses Spiel und es gab vier Hauptrichtungen, in die die Teilnehmer drängelten, um es zu gewinnen:

Die *Kyniker* oder *Zyniker* (ab 400 v. Chr.) hatten ihren Spitznamen – die »Hündischen« – aus ganz bestimmten Gründen weg. Vor allem ihr Hauptguru **Diogenes** benahm sich so, dass sich Allen Ginsberg selbst in seiner schlimmsten Phase schamhaft abgewendet hätte: nicht nur Sandalen auf Sitzbänken, sondern *weder* Sandalen *noch* Sitzbänke – und *viel, viel* Schlimmeres. Andererseits waren sie nicht nur in Sachen Anstand sehr genügsam. Sie verzichteten locker auf alles, was über jene körperlichen Aktivitäten hinausgeht, die man nun echt nicht unterdrücken kann. All diesen Kram hielten sie für unnatürlich. Das Ehrendiplom für ein tugendhaftes Leben erhielt, wer über seine Wünsche und Gelüste am coolsten hinweggehen konnte. Von Spaß keine Rede. So vertrieb sich Diogenes, um als gutes Beispiel voranzugehen, die Zeit in einem Fass und besaß nichts als Umhang, Stock und Brotbeutel. Dazwischen vergriff er sich auf öffentlichen Plätzen in Athen allerdings manchmal in einer – sagen wir mal – lüsternen Art und Weise an sich selbst. Aber er wollte damit nur beweisen, wie einfach sich auch mit *dieser* natürlichen Regung fertig werden lässt. Einmal aalte er sich gerade schweißgebadet auf der kostenlosen griechischen Natursonnenbank, als Alexander der Große sich vor ihm aufpflanzte. Wie im Märchen durfte der olle Diogenes wünschen, was sein Herz begehrte – ein bisschen Seife zum Beispiel oder wenigstens ein heißes Bad. Aber nein. Er brummte bloß: »Geh mir aus der Sonne.«

Hinsichtlich *einer* Sorge, die uns das Leben hin und wieder schwer macht, sollten wir uns allerdings eine Scheibe Zynismus abschneiden: Diese Typen fürchteten sich nämlich kein bißchen vor Masern oder Mückenstichen. Für sie gehörten Schmerz und Tod ganz einfach zum Leben. Auch für Diogenes, dessen letztes Stündlein schlug, nachdem er einen offenbar nicht (h)armlosen Tintenfisch verzehrt hatte.

Als Gründungsmitglied im Klub der *Stoiker* (um 300 v. Chr.) gilt ein Zypriote names **Zenon**. Er schloss sich in Athen den Hundefreundlichen an, nachdem er bei einem Schiffsunglück beinahe als Fischfutter geendet hatte. Na ja, so was reicht bestimmt aus, um *jeden* zum Zyniker zu machen. Seine Version ihrer Philosophie fiel um einiges milder aus. Ihren Namen bekam sie übrigens allein deshalb, weil er in einer Säulenhalle (griechisch: *stoa*) unterrichtete – womit wir einen weiteren Fall für die Rubrik »Bescheuerte Gründe für Namensgebung« verzeichnen können. Auch die Stoiker schlugen sich mit den Problemen herum, die das Bemühen um ein gutes

Leben so mit sich bringt. Dabei kam ihnen Aristoteles mit seiner Theorie von »Form« (der auch der Anstoß zur Bewegung, also »Kraft«, innewohnt) und »Materie« durchaus gelegen: Kraft sorgt für Bewegung, während Materie mit sich geschehen lassen muss, was ihrem Zweck entspricht. Für Aristoteles ließ sich eins vom andern nicht trennen. Beide boten vielmehr in allen Lebenslagen als Beziehungskiste ein Bild des Glücks. Die Stoiker dagegen konnten bis zwei zählen. Für sie gab es zwei Substanzen: Kraft war feinkörnig und Materie rau und formlos. All die Kräfte der zigtausend Dinge, so stellten sie sich vor, treffen sich, sagen wir, am Wochenende und bilden eine irre *große* Kraft: die tätige Seele des Universums in Form eines Feuers, dessen Hitze alles erschafft und bewegt. Was uns inzwischen nicht ganz unbekannt vorkommt: siehe Heraklit.

Das stoische Feuer stand für seine Erfinder mit dem Universum ähnlich in Verbindung wie die Seele des Menschen mit seinem Körper. Aus dem Feuer heraus, so meinten sie, verbinden sich Luft, Wasser und Erde miteinander, um alles Übrige, von den Sternen bis hin zum Streuselkuchen zu bilden. Das Beispiel stammt von mir – das göttliche Prinzip, das jedes Objekt des Universums durchflutet und mit Leben erfüllt, von Zenons Fanklub. Ich stelle mir ihr Universum als riesige, vollkommene Christbaumkugel vor, die im Raum baumelt und von ihrer Seele zusammengehalten wird.

Die Stoiker waren so unerschütterlich wie die Zyniker. Sie betrachteten Krankheit und Tod als Teile der Patchworkdecke fürs Leben, deren Muster den Gesetzen der Weltvernunft folgt – es kann gar nicht anders. So was wie Unfall oder Zufall gab's für sie nicht. Klopft was Lästiges wie der Tod an deine Tür, lässt du's am besten gleich rein, raufst dich mit ihm zusammen und bringst die Sache hinter dich, denn du entkommst ihm eh nicht. Schmerzt die Seele oder der Körper, holst du dir bei ähnlich geplagten Leidensgenossen Trost. Sie alle wissen, dass man immer wieder versucht ist, bei Schmerz und Leid die Tugend ins Regal zu legen und zu behaupten, es lebe sich leichter ohne (die Tugend, wohlgemerkt). Um es dann aufs Neue zu probieren.

Zurück zu Zenon. Seine berüchtigten logischen Widersprüche brachten eine Theorie über die Bewegung nach der anderen zu Fall und sein Gegenüber jeweils mit Sicherheit fast um den Verstand. Nehmen wir zum Beispiel sein Paradox des fliegenden Pfeils. Es lautet: Wenn du einen Pfeil in den Himmel schießt, nimmt er zu jedem Zeitpunkt des Fluges so viel Raum ein, wie er lang ist. Dagegen lässt sich nichts sagen. Jeder Gegenstand aber, der einen seiner Länge entsprechenden Raum einnimmt, befindet sich im Ruhezustand. Na ja, auch das stimmt. Aber nun kommt's: Daraus folgt, dass der Pfeil sich zu jedem Zeitpunkt seines Fluges im Ruhezustand befindet. Versuch mal einen toten Cowboy *davon* zu überzeugen.

Waren schon die Zyniker dein Fall, reißen dich die *Epikureer* geradezu vom Hocker. 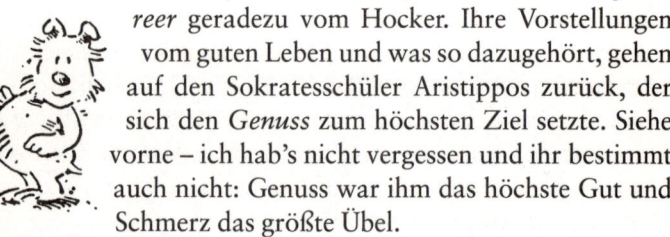 Ihre Vorstellungen vom guten Leben und was so dazugehört, gehen auf den Sokratesschüler Aristippos zurück, der sich den *Genuss* zum höchsten Ziel setzte. Siehe vorne – ich hab's nicht vergessen und ihr bestimmt auch nicht: Genuss war ihm das höchste Gut und Schmerz das größte Übel.

Rund hundert Jahre nach diesem Lustmolch beschloss **Epikur** (um 342-271 v. Chr) Aristippos' Genusssucht mit Demokrits Atomtheorie zu verbandeln. Er richtete sich mit seinen Fans im Paradiesgärtlein seiner Athener Villa häuslich ein und *alle* Interessierten, selbst Sklaven, durften kommen und seinen Unterricht nach Herzenslust ... genießen. Um zu verhindern, dass alles aus den Fugen geriet, ließ er jeweils ein paar Warnungen einfließen. Etwa dass Trips mit Ecstasy hässliche Folgen haben können – wie sich am Samstagabend vor manchem Schuppen leicht feststellen lässt – und dass man sich dessen bewusst sein soll. Essen, Trinken und Sex fand er zwar auch ganz nett, aber Kunst und Freundschaft waren ihm gerade so viel wert – wenn auch weniger aufregend. Und der Tod? Pah! Ein Nichts. Und das erklärte er – etwas sehr einfach, aber im Grunde logisch – wie folgt: Solange wir leben, ist der Tod nicht zu sehen, und sobald er da ist, sind *wir* nicht mehr, um *ihn* zu sehen. Mir soll's recht sein. Wenn man bedenkt, dass er andernfalls dem Knochenmann, wie es heißt – beim Pinkeln begegnet wäre …

Epikur schwärmte für Demokrits Idee der Seelenatome, weil sie mit dem unseligen Geschwätz vom Leben nach dem Tod ein für alle Mal aufräumte. Sterben wir, verkündete er, merken unsere »Seelenatome«, dass sie ein totes Pferd antreiben, und machen sich diskret aus dem Staub.

Was den Fortbestand der Menschheit angeht, verfolgte er allerdings einen bedenklichen Kurs. So bedenklich, dass bei strikter Einhaltung heute möglicherweise niemand mehr da wäre, um darüber zu berichten. Kluge Leute taten nämlich seiner Ansicht nach gut daran, weder zu heiraten noch Kinder zu haben. Diese kleinen Quälgeister »störten« ihn nur. Bleibt die Frage, was er stattdessen empfahl. Es sei denn, er fand, nur Deppen sollten sich vermehren.

Mittlerweile trudelte die Welt in beängstigender Verfassung dem Ende der vorchristlichen Ära entgegen. Die Menschen hielten nach neuen Religionen Ausschau, um sich über das herrschende Chaos hinwegzutrösten. Dank der echt meschuggenen und mit wirren Behauptungen tonnenweise um sich werfenden Lehren der meisten Philosophen, die bis dahin die Erde unsicher gemacht hatten, fühlten sie sich etwa so wie

Kids vor einem Süßwarenstand mit Selbstbedienung – *nachdem* sie ihn geknackt haben, versteht sich.

Um diese Zeit stellte **Philon** (um 25 v. Chr. bis 50 n. Chr.) lauthals Gott auf Platz eins, und zwar weit über alles jemals Gewesene und sämtliche Ideen, die man sich ausdenken kann. Der Typ war ein jüdischer Gelehrter und  lebte in der ägyptischen Bücherstadt Alexandria. Gott, sagte er, ist die Quelle alles Guten, die Materie aber der Ursprung alles Bösen. Entsprechend hielt er die spirituelle Seite im Menschen für gut und den Körper, sozusagen die Materie, für den Sitz alles Bösen. Wahrscheinlich hatte er gerade Bohnen oder Kohl verschlungen. Gott, sagte er, sendet ein ganzes Heer von Kräften oder Geistern aus, unter ihnen auch einen – in Griechenland schon lange bekannten – Vernunftapostel namens *Logos*. Dessen Teilzeitjob bestand darin, die Welt unter pingeligster Kontrolle seines Chefs zusammenzubauen. Was dabei herauskam, sah Philon als exakte Kopien von Ideen, die dem geistigen Chef-Auge vorschwebten. Alle Wetter. Das klingt verdammt nach Platons Wundertüte der perfekten Formen im himmlischen Regal, nicht wahr? Und tatsächlich: Alles in allem versuchte Philon den alten Platon und die jüdische Religion unter einen Hut zu bringen.

Damit wird's Zeit für den nächsten »Ismus«. Anders als bei den Zynikern, Stoikern und Epikureern, die mehr mit Sokrates am Hut hatten – und wie Straßenbahnen ins Zentrum alle mehr oder weniger am selben Punkt ankamen –, ging diese Runde klar an Platon und seine Schriften. Nichts lag daher näher, als das Produkt *Neuplatonismus* zu nennen. Den ersten Werbefeldzug organisierte ein in Ägypten geborener Typ namens **Plotin** (um 205 – 270 n. Chr.), der nach Rom auswanderte, um sein Brot als Schuldirektor zu verdienen.

Für sein gedankliches Kartenhaus nahm er ein sehr ähnliches Set wie Philon. Von Gott, dem »Einen«, wie er dieses »gute« Prinzip nannte, sah er die Weltvernunft samt Ideen hervorsprudeln wie Mineralwasser, wenn jemand die Flasche vorher auf den Kopf gestellt hat. Je weiter diese *Emanation* sich von ihrer Quelle entfernt, desto dünnflüssiger wird sie, um sich schließlich in Dunkelheit oder Materie oder was auch immer für dunkle Geschäfte ohne reale Existenz aufzulösen. Zwischen dem Einen, also der Quelle, und der Materie aber wirkt die Weltseele, die den Kosmos geschaffen hat. Durch sie wird aus der Materie Substanz und aus der Seele Form. Und wenn sie nicht gestorben sind ... Na ja, vielleicht interessiert es dich, dass Plotin die Materie, aus der Mensch und Tier gefertigt sind, verdammt weit draußen in der Dunkelheit ansiedelte, und noch weiter weg, noch tiefer im dunklen, öden Eisschrankland, am allerweitesten von Gott entfernt überhaupt, jene für Erde, Wasser, Stein und Besserwisser. Zum Trost: Es gibt einen Weg zurück. Dann nämlich, wenn wir unsere Seele in Geistiges vertiefen, statt immer nur nach dem nächsten Hamburger zu gieren.

Mittlerweile wandelte Jesus schon einige Zeit unter den Menschen. Und bereits strampelten sich ein paar seiner ersten Fans für den Wanderpokal im Spiel mit der mittlerweile bekannten Preisfrage ab: »Wo liegt der Hund begraben?« Diese selbst ernannten *Apologeten* – das heißt Verteidiger – des Christentums kochten sich ihr Süppchen aus griechischen Produkten und christlichem Eigengewürz. Das Ergebnis lief auf einen Kosmos hinaus, der zwar auch aus Materie bestand, aber vor allem einen ewigen, unveränderlichen und überaus großartigen Gott enthielt. Er ist in allem, behaupteten sie, und alles ist in ihm, Platons Ideen ebenso wie Aristoteles' Formen. Auch verfügt er über sämtliche Formen und Muster und erschafft doch alles aus dem Nichts. Was für ein toller Typ!

Spitzenreiter unter den Denksportlern jener Zeit war **Augustinus** (354 – 430). Später gewann er zusätzlich einen Heiligentitel. Er probierte tausenderlei aus, bevor er Neuplatoniker, dann Apologet und schließlich Christ wurde wie seine fromme Mutter Monica. Augustinus übernahm großzügig alle Zutaten der Apologeten, fügte aber noch eine eigene kleine Überlegung hinzu: Gott hatte den ganzen Sums mit dem Kosmos schon lange vor der Erfindung der Zeit – sogar noch vor *Lindenstraße* – bereits im Kopf! Ja, um die Wahrheit zu sagen, Gott hat Zeit und Raum überhaupt nur geschaffen, weil er etwas brauchte, um das Universum reinzutun.

Die Profis unter den christlichen Denksportlern ließen die griechischen Ziellinien Form und Materie weit hinter sich. Für die schlappe Behauptung, Materie sei nun mal da, hatten sie offensichtlich nicht viel übrig. Dabei braucht man sich ja nur umzusehen, nicht wahr? Aber sie wollten *Gott* auf der Bühne sehen. Also behaupteten sie, er habe doch wohl zuerst was Handfestes *herschaffen* müssen, um all den Kram hinzukriegen, aus dem das Universum besteht. Sie fanden seine Ideen schlicht göttlich. Damit war, laut Augustinus, mit dem Philosophieren in der Religion Schluss. Glauben war gefragt. Und wer den Glauben hat, dem wird Gott schon verraten, was er wissen muss.

Augustinus lebte im vierten Jahrhundert, also gerade noch rechtzeitig, um die extrem ungehobelten und allgemein verpönten barbarischen Horden aus dem Nordosten über das ehemals grandiose Römische Reich hereinbrechen zu sehen. Dessen Verfall und Untergang ließen sich nicht mehr aufhalten. Zeit also, über der griechischen und römischen Antike den Vorhang zu senken und die Lichter auszumachen, wie es sich für das angeblich zappendustere Mittelalter gehört.

40

3

Das zappendustere Zeitalter?

Nach Augustinus pfiff man in unseren Breiten erst mal für eine ganze Weile darauf, über das Universum nachzudenken, außer man lebte derart weg vom Schuss, dass es sowieso egal war, ob und was man dachte. Tatsache ist, dass das philosophische Steuer fest in arabischen Händen war, zumal diese sich der ägyptischen Stadt Alexandria und damit der Zentralbücherei bemächtigt hatten. Sie machten das Beste draus!

Fühlte man den europäischen Denkabstinenzlern auf den Zahn, beteten sie lediglich den halbwegs unverdauten Kram herunter, den Platon, Aristoteles und die andern alten Knaben unter der griechischen Sonne hervorgebracht hatten. Selbstzufrieden suhlten sie sich fast fünfhundert Jahre lang im Sumpf grimmiger Sagen und geschmackloser Volkslieder oder schrieben in Klöstern von Hand wunderschöne Blätter mit abgedroschenem Inhalt voll.

Im neunten Jahrhundert hatte sich Westeuropa zur christlichen Hochburg gemausert. Da fanden sich endlich ein paar Typen zusammen und begannen wieder zu »denken«. Allerdings sprachen sie nur darüber, wenn ihre Gedanken sich haarscharf mit dem christlichen Glaubenskonzept deckten – oder die Aussicht, sich möglicherweise von ihren Köpfen verabschieden zu müssen, sie kalt ließ!

Das Sagen übernahmen knallhart in diesem Sinn – und wirklich nur solange Gott mit von der Partie war – die so genannten *Scholastiker*, die sich zwischen dem neunten und dreizehnten Jahrhundert auf dem Denksportplatz tummelten. Zu den Ersten gehörte der Ire **Johannes Eriugena** (um 810 – 877), dem komischerweise der Zuname Scotus, also der Schotte, verpasst wurde. Unser Hannes war ein lange verkanntes Genie und hatte die griechische Philosophie voll im Griff. Er arbeitete die meiste Zeit auf dem europäischen Festland, und zwar hauptsächlich am Hofe Karls des Kahlen – der heute politisch korrekt natürlich der Haarig Herausgeforderte heißen muss. Dort verhedderte er sich in zig Auseinandersetzungen über die »Willensfreiheit«, besonders mit einem Mönch namens **Gottschalk** (nein, nicht Thomas!).

Eriugena beharrte wild darauf, dass der Mensch nach seinem eigenen Willen handeln und sich ein Butterbrot richten kann, wann es ihm passt. Gottschalk widersprach ihm – wie übrigens die meisten – und sagte, alles Quatsch, unsere Handlungen und unser Schicksal sind vorbestimmt und die Butter sowieso längst alle. Wahrscheinlich streiten sie sich heute noch rum, wo auch immer.

Hannes war dafür, das Universum als eine Einheit zu betrachten. Da auch Gott für ihn *eins* und nicht geteilt war, erschien ihm das durchaus logisch. Klar sehen ein Skateboard und eine Jeans auf den ersten Blick etwas anders aus, aber das ist rein äußerlich. Wir müssen der Sache eben auf den Grund gehen. Dann sehen wir sofort, dass alles – Menschen inklusive – eins ist und nichts anderes als Gott. Denn das Universum ist letztlich ein Ausdruck der göttlichen Gedanken. Was hier noch ein bisschen nach Eintopf klingt, wird später unter dem Begriff *Pantheismus* aktuell (siehe Spinoza).

Der französische Denker **Petrus Abaelard** (1079 – 1142)

war ebenfalls Scholastiker. Er machte weltweit Schlagzeilen, allerdings weniger mit seinen Schriften als mit der bühnenreifen Tragödie, die ihn ereilte. Details sind, etwas frisiert, in seiner »Historia Calamitatum« oder »Leidensgeschichte« nachzulesen. Und ich kann euch sagen, der arme Kerl *war* ein Pechvogel. Zuerst verliebte er sich in seine Superschülerin Héloise. Diese setzte prompt ein Kind in die Welt und sie heirateten klammheimlich. Das passte aber ihrem Onkel, einem säuerlichen Pariser Kanonikus, absolut nicht in den Kram. Also beschloss er, an der Verbindung zwischen den beiden ein wenig herumzuschnipseln. Seine Söhne nahmen ihn beim Wort und erledigten dies in einer mondlosen Nacht denn auch prompt mit einem Messer. Der um sein bestes Stück erleichterte Abaelard verstand die Anspielung. Was blieb ihm anderes übrig? Er vergrub sich in ein Kloster und erstickte seinen Kummer in Arbeit. Héloise hatte dasselbe, reichlich frustriert, schon vorher getan. Abaelard war immer schon eitel, streitlustig und selbstgefällig gewesen. Nach diesem Zwischenfall verlängerten die kritischen Mitbrüder seine La(e)sterliste um einen Eintrag: wutschnaubend. Wer kann es ihm verübeln?

Doch zurück zum eigentlichen Thema: Abaelard hielt reden, reden, reden, und zwar möglichst logisch und überzeugend, für den einzigen Weg zur Wahrheit – abgesehen von der Heiligen Schrift. Obwohl die Empiriker – die zu dem Zeitpunkt noch ihrer Erfindung harrten (siehe Kapitel 6) – aufgeheult hätten, löste er damit in den weihrauchschwangeren Klöstern so manchen heilsamen geistigen Boxkampf aus. In seiner Selbstbespiegelung mit dem Titel »Erkenne dich selbst« definierte er Sünde als bewusste Missachtung von Gottes Wünschen. Dabei ging es ihm weniger um die Tat selbst als um die Gesinnung, in der sie ausgeführt wird. Kein großer Trost, wenn man die Sahnetorte im Gesicht kleben hat. Doch er blieb dabei. Nicht was wir *tun,* ist Sünde, sondern dass wir Gott verachten, indem wir etwas tun, von dem wir wissen, dass wir es nicht tun sollten. Aber wissen wir das denn immer? Wie dem auch sei, die Rechtgläubigen witterten Gefahr.

Denn rundum begann es im kirchlichen Gebälk bedenklich zu knirschen. Das dominante Gehabe der Kirche passte längst nicht mehr allen in den Kram, besonders seit sie es mit windigen »Beweisen« stützte. Außerdem ging es mit ihrem Bildungsmonopol bergab, weil es immer mehr weltliche Schulen gab. Und unser zorniger Mönch half bei der Abwicklung, wenn auch unfreiwillig, mit. Denn in seinem Bienenfleiß, sich und andere davon zu überzeugen, dass die Wahrheit der christlichen Lehren mit Vernunft zu »beweisen« ist, merkte er eines nicht: dass schon der leiseste Gedanke, sie könnten das *nötig* haben, die Balken ins Wanken brachte. Oder anders ausgedrückt: »Was nicht kaputt ist, braucht auch nicht repariert zu werden.« Kommt der Stein aber mal ins Rollen, ist die Sache gelaufen.

In der Zwischenzeit rollten die Araber auf der anderen Seite des Mittelmeers das Feld von hinten auf. Sie rückten Südeuropa auf den Pelz und warfen großzügig mit all den Weisheiten von Aristoteles, Platon und Co. um sich, die die mittelalterlichen Narren dort und weiter nördlich leider vergessen hatten. Europa aber begann sich eben erst mit dem großen Problem herumzuschlagen: Wem sollte man glauben – den alten Griechen oder Gott?

Bei dieser Preisfrage mischte unter anderen auch der englische Franziskanermönch **Roger Bacon** (1214 – 1292) mit. Er war Teilzeitphilosoph mit steiler Professorenkarriere in Paris und Oxford, dazu Naturwissenschaftler – und als *doctor mirabilis* bekannt. Letzteres heißt so viel wie »wunderbarer Lehrer« – na, wenn das nichts ist. Er hatte die erst vor kurzem mit christlichem Röntgenblick als hochbrisant eingestuften Schriften von Aristoteles zwischen die Finger bekommen. Was ihm daraufhin aus der eigenen Feder floss, war ein berauschendes Gebräu aus aristotelischen und anderen griechischen sowie arabischen Naturwissenschaftshäppchen, gewürzt mit etwas Astrologie und Studien am übernatürlichen Objekt. Sein Hauptwerk, das er keck »Opus maius«, also »Größeres Werk«, nannte, führt so ziemlich alle philosophischen Stolpersteine auf, die sich inzwischen angesammelt hatten.

Rückblickend gilt sein Werk als bemerkenswert weitsichtig, wenn auch insgesamt etwas zusammengeflickt. Besonders in Mathe und Optik hatte er die Nase vorn – er hat die Brille erfunden! Aber auch dass er auf den korrekten Gebrauch von Erfahrung und Sprache pochte, beweist seinen Weitblick. O Roggie, wenn du uns heute hören könntest! **Bonaventura,** sein Franziskanerbruder, betrachtete die »neue« Naturwissenschaft als interessantes Forschungsfeld, das allerdings dem frommen Gottesgeplauder gehörig in die Quere kommen würde. Anders Roger Bacon. Er sah darin eine irre Methode, ein ganz neues Tor zur Erkenntnis aufzustoßen: indem er der Philosophie und der Theologie mit mathematischen und naturwissenschaftlichen Mitteln zu Leibe rückte. Die anderen Braunkappen, äh -kutten verstanden zwar nur Bahnhof, aber sie witterten Verrat. Der arme Roger wurde wegen »verdächtiger Neuerungen« vor den Kadi gezerrt. Wie verdächtig diese »Neuerungen« genau waren, werden wir wohl nie erfahren. Aber es ist allemal erwähnenswert, dass es offensichtlich ausreichte, um ihn für einige Zeit hinter Gitter zu bringen.

Eben zu dieser Zeit lebte auch **Thomas von Aquin** (1225 – 1274), ein weiterer Theolophilosoph, der aus einem Kaff bei

Aquino – wenn das kein Zufall ist – zwischen Rom und Neapel stammte. Er verquirlte Aristoteles mit dem Christentum, womit er die arabischen Heiden endgültig austrickste. Das gelang ihm so super, dass sein Nachruhm den aller anderen diesbezüglichen Wettbewerbsteilnehmer überstrahlt. Tommy besaß den Ehrgeiz, die Welt zur Vernunft zu bringen. Sie sollte endlich einsehen, dass das Universum durchaus vernünftig und allgemeine Wahrheiten (siehe unten, Nrn. 1–3) wirklich sind, ohne dass das dem Glauben schadet. Diese »Universalien« lebten für ihn in allen Dingen und machten sie erst zu dem, was sie sind. Um den drohenden Crash zwischen heidnischer Philosophie und christlicher Theologie abzuwenden, erfand er das Zweiwegsystem: Zu den universellen Wahrheiten kann man durch den christlichen Glauben (Abkürzung) oder durch Vernunft und Sinne (Umweg) gelangen. Als echten Reinhold Messner geistiger Klettertouren weist ihn sein Geniestreich aus, den Gottesbeweis anhand von Aristoteles' Lehren anzutreten. Denn immerhin konnte der alte Grieche von unserem »Gott« ja noch gar nicht wissen. Was in Sachen Gott tief blicken lässt.

Zum Abschluss ein paar *Wahrheiten* von und über Tommy:
1. Was ist Materie? Gehen wir wieder vom Apfelbaum aus. Das Eigentliche an einem Apfelbaum sind nicht Blätter, Borke, Zweige oder die Äpfel. Das sind bloß Eigenschaften, die ihn von anderen Bäumen unterscheiden. Was diesen Baum zum Baum macht, ist seine »Baumheit«. Diese ist universell und in jedem Baum vorhanden. *Materie* ist das, was unseren Apfelbaum von jedem anderen Baum unterscheidet, und ihre Menge in jeder Baumart macht die Bäume so unterschiedlich. Diese Wahrheit lässt sich auf alles anwenden. Fazit: Das Universum setzt sich aus weiß Gott wie vielen Kombinationen von Materie und Universalien zusammen. Kapiert?

2. Gott hat die Welt laut Thomas, der für seinen lebenslangen Einsatz im Dienste der Wahrheit später heilig gesprochen wurde, aus dem absoluten Nichts erschaffen und stellt sein Können bis heute unter Beweis, nämlich jedes Mal, wenn er ein neues Produkt auf den Weltmarkt wirft: Babys, Äpfel, *Star Wars V* usw.

3. Leider ist trotz (oder wegen?) all dieser überschäumenden HERRlichkeit zu berichten, dass auch unser großer Heiliger ein kleiner Macho war. Ganz im Sinne seines Idols Aristoteles (siehe dort) hielt auch er sich die Frauen durch geistige Turnübungen vom Leib. Auf seiner aufsteigenden Sprossenleiter im Universum, die von den Pflanzen zu den Tieren zu den Menschen zu den Engeln ging, um schließlich bei Gott persönlich zu enden, ordnete er sie ohne viel Federlesen irgendwo zwischen Tier und Mann ein. Um nicht völlig aufzulaufen – man kann ja nie wissen –, führte er im Himmel noch rasch das Gleichheitsgesetz ein: Engel hielt er für trieb- und geschlechtslos. Und vermutlich war auch sonst nichts los.

4

Neustart: Die Renaissance

In der Zwischenzeit haben wir das dreizehnte Jahrhundert mit Zack hinter uns gebracht und kurven in die vierzehnte Runde Richtung START zur Renaissance. Die Bahn liegt noch immer unter südlicher Sonne, genauer in Norditalien. Leider hat sich das Verhältnis zwischen Betsport und Denksport inzwischen getrübt: Klammheimlich war es zu nicht unproblematischen tiefen Blicken und mehr zwischen der Philosophie und der Naturwissenschaft gekommen. Die Religion – oder genauer gesagt die Theologie – sah ihre Felle desto schneller davonschwimmen, je schwieriger es wurde, Gott an der Entstehung des Universums einigermaßen hieb- und stichfest zu beteiligen. Um dem abzuhelfen, ließ sie sich auf ein Techtelmechtel mit der Vernunft ein. Wer auch nur einen Rest Vernunft besaß, schnallte jedoch rasch, dass Gott nicht bloß durch reine Vernunft (siehe Rationalismus, Kapitel 6) zu erfassen ist, sondern, so ähnlich wie Superman, niemals erkennbar, sondern höchstens spürbar ist – und das wohl auch bleiben wird.

Zur Krönung des Schlamassels drückte auch noch ein neuer Trend nach oben, der später als *Individualismus* die Runde machte. Mit eins wurde Männlein und Weiblein bewusst, was Menschen für tolle Typen sind. Nicht einfach ein langweiliger Haufen, sondern ein jeder und eine jede individuell – supereinzigunverwechselbar. Und da es immer welche gibt, die noch etwas supereinzigunverwechselbarer sind, kam bald ein schrankenloser Starkult in die Gänge, der nicht mehr zu bremsen war. Als Superstar der Renaissance galt ein Universalgenie, das sich sowohl in der Wissenschaft wie auch in der Kunst und im Leben überhaupt gewandt und dynamisch behauptete. Leider vollzog sich dieser Sinneswandel etwas abrupt, sodass viele Denksportler irgendwo zwischen Vergangenheit und Zukunft auf der Strecke blieben. Die betende Zunft hatte schon vorher nicht mehr so recht mithalten können. Allerdings gab es Ausnahmen …

Nikolaus von Kues (1401–1464) hieß eigentlich Krebs, aber das machte nichts her, und so nannte er sich nach Kues an der Mosel, wo er herstammte. Eine steile Karriere führte ihn immer weiter nach Süden und endete im päpstlichen Rom. Im Übrigen handelt es sich bei ihm *nicht* um den netten Kerl mit dem Esel, der alljährlich Lebkuchen und Nüsse bringt. Unser Nikolaus mochte lieber Knacknüsse. Unter anderem biss er sich an der Quadratur des Kreises die Zähne aus, was er sich nun wirklich hätte sparen können. Denn abgesehen von seinem Alltagskram als Kardinal brachte er auch noch Ordnung in hochphilosophische Fragen. Er hielt das Universum für unendlich und für so was wie ein göttliches Puzzle nach mathematischen Prinzipien – wozu ja die Unendlichkeit des Kreises nicht schlecht passt. Gott steckt dabei nicht nur in jedem Teilchen, sondern bleibt auch sonst unser einziger Trost. In ihm fallen nämlich alle Gegensätze zusammen, sodass wir endlich nicht mehr gleichzeitig zu jung für die Technoparty und zu alt für Pumuckl sind. Gott ist natürlich das höchste Ziel unseres Denkens, doch da wir ohnehin keine Chance in diesem Rennen haben, bringen wir es höchstens zur »gelehrten Unwissenheit«. Erzähl das mal unsern Paukern, lieber Nick. Die denken nämlich immer noch, wir seien bloß faul.

Der Spanier **Ludovico Vives** (1492 – 1540) hielt das ganze Gesums über das Universale und die letzten Dinge für Unsinn und das Wahrscheinliche für zuverlässiger. Er fand, die Kollegen Stubenhocker sollten sich raus in Feld und Wald begeben und die Natur studieren, statt sich dauernd über die so genannte »Natur« der Dinge zu streiten. Für ihn ging probieren über studieren, um herauszufinden, wie die Natur funktioniert (siehe auch Darwin). Dazu ließ er der Phantasie freien Lauf und lüftete auch bis dahin vernachlässigte Seelenecken aus. Trotz – oder vielleicht gerade wegen – ihrer Abstecher in die Abgründe der Seele haben Vives und seine Zeitgenossen angefangen den Weg zur reinen, modernen Naturwissenschaft freizuschaufeln.

Leider nahm sich ihre diesbezügliche Ausrüstung gelinde gesagt bescheiden aus. Das trieb die Naturwissenschaftler wie auch die Philosophen mehr und mehr in die Arme der Magie, alles in der Hoffnung, das Zauberwort (*Abrakadabra?*) oder den passenden Spruch (*Sesam öffne Dich?*) zu finden, um die Welträtsel zu lösen. Das Resultat dieses Trends war ein Mix namens *Alchemie*, halb Wissenschaft, halb Hokuspokus, und dem Rausch verfielen Geistesgrößen von Leonardo da Vinci bis Isaac Newton. Wie wir von Goethes Faust wissen, probierten sie auf Teufel komm raus nicht nur das Lebenselixier zu brauen, sondern – noch besser – Altmetall in Gold zu verwandeln. Das hätte den Schrotthandel mit Sicherheit grundlegend revolutioniert und die Diskussion über so genannte Wertstoffe in andere Bahnen gelenkt. So viel zum grünen Punkt!

Der Schweizer Alchemist Theophrastus Bombastus von Hohenheim (1493 – 1541), Gott sei Dank allgemein nur **Paracelsus** genannt, gestand den Menschen zwei Körper und eine Seele zu. Der Körper, mit dem du dich auf dem Skateboard durch die Menge schlängelst, dich in die Schulbank fläzt oder die Disko unsicher machst, stammt von der Erde und der andere, der unsichtbare, von den Sternen. Die Seele aber, wie könnte es anders sein, kommt von Gott. Die drei Grundstoffe, aus denen sich alles zusammensetzt, sind Salz für das Feste, Quecksilber für das Flüssige und Schwefel, wenn du Feuer fängst. Sie tanzen nach dem Geist des Lebens. Angesichts der Heerscharen unerklärlicher Geister in der Natur benötigen wir dringend ein paar Zaubersprüche plus Magie, weil *wir* sonst vor lauter Angst die Flatter kriegen und *sie* mit uns machen, was sie wollen. Zugegeben, das sieht nach vernunftmäßigem Rückschritt aus, doch wenn man bedenkt, was im zappendusteren Zeitalter alles an Katastrophen abging, ist es mehr als verständlich.

Allmählich aber lief sich der abergläubische Krempel tot wie alles auf der Welt und ein paar Typen sahen sich nach etwas anderem um. Frustriert, weil aus dem Gold nichts geworden war, versuchten sie es auf der Bahn für Athleten mit gesundem Menschenverstand. Und fast sofort nach dem Startschuss gab es dort schon ein Gerangel, weil alle bei der Wieder-Geburt der Welt – denn nichts anderes heißt Renaissance – die Nase vorn haben wollten.

Als absolute Spitze stellte sich ein Italiener namens **Galileo Galilei** (1564 – 1642) heraus. Ihm hatte es die Atomtheorie des ollen Demokrit (siehe dort) angetan und mit Hilfe seines brandneuen, megastarken Fernrohrs und eines neuen Kumpels namens Kepler half er Kopernikus' hundertjähriger, aber mangels Beweisen etwas wackliger Theorie auf die Beine, dass die Erde sich um die Sonne dreht und nicht umgekehrt. Dies verkündete er so laut, dass die verknöcherten Kirchenleute die Ohren spitzten und ihn per Gerichtsbeschluss stilllegten. Von da an brummte er die gefährliche Wahrheit nur noch in den Bart.

Aber weshalb fuhr der Kirche ausgerechnet diese Wahrheit derart in die Beine? Und was hat das alles mit Philosophie zu tun? Darum, weil Galileo vor allem anderen Naturwissenschaftler war – einer der ersten. Für ihn war die Entdeckung des Universums schlicht und ergreifend eine wissenschaftliche, mathematische Angelegenheit. Nichts von Gott und unerklärlichen letzten Dingen. Die gehörten in die Kirche und deren Diener sollten sich um die Seelen und nicht um die Stratosphäre kümmern. Eine Machtfrage also. Und wann gibt eine herrschende Macht schon kampflos klein bei. Die Aussicht, dass Beten und Denken in nicht allzu ferner Zukunft getrennt laufen könnten, hielt deshalb nicht lange vor.

Weil der arme Galileo auf seine alten Tage schweigen musste, rühren wir hier noch ein wenig die Werbetrommel für ihn. Er hat nämlich, nicht faul, auch rausgekriegt, wie das Trägheitsgesetz funktioniert. Das zählt zwar nicht direkt zur Philosophie, aber wir spüren es schließlich alle am eigenen Leib, und so wissen wir wenigstens, warum. Ganz einfach: Alles bleibt, wie es ist, sei es in Ruhe oder Bewegung, solange nichts ihm in die Quere kommt und die Situation verändert. Ein Beispiel: Angenommen, Galileo zischt in seinem – geschlossenen – Ferrari mit hundertachtzig Sachen durch die Botanik und lässt sein Eis fallen. Wohin fliegt das klebrige Zeug? Auf die Hose oder über die Schulter an die Heckscheibe? Ganz recht, auf die Hose. Und zwar dehalb, weil das Eis die Fahrt ebenso irre findet und das Tempo der Kiste anpasst. Auf einer Harley Davidson sähe die Sache jedoch anders aus. Ein weiteres Beispiel: Würdest *du* etwa den Rasen mähen, wenn deine Mutter nicht schon *dreimal* Streichung des Taschengelds in Aussicht gestellt hätte?

Bleiben wir noch etwas auf Abwegen und werfen wir einen Blick auf die Schriften von **Niccolò Machiavelli** (1469 –

1527). An *seiner* Art Philosophie kommt im Leben ohnehin niemand ungeschoren vorbei. Machiavelli wollte Italien vereinen und der Kirche im selben Aufwasch zeigen, was er von ihr hielt. Für den besten Weg, ein von Korruption zersetztes Land zu regieren, hielt er den Trick, einen totalen, obersuperkrassen Bösewicht anzuheuern – und dann loszulassen. Dass dabei die Freiheit draufgeht, nahm er als notwendiges Übel in Kauf. Wo gehobelt wird, fallen eben Späne. Nur so hatten seine bösen Mitmenschen eine Chance, sich zu bessern oder ihre hinterfotzigen Fiesheiten besser zu verbergen. Der Obermotz – bei Macchiavelli ein »Fürst« – durfte jedes erdenkliche Mittel einsetzen, sei es Gewalt, Betrug oder Gesetzesbruch, um Gleiches mit Gleichem und Korruption mit Korruption zu bekämpfen. Ob man diese Art homöopathische Heilmethoden vertretbar findet oder nicht, Tatsache ist, dass ihr Marktwert heute weltweit steigt und der alte Florentiner über seine gelehrigen Schüler staunen würde.

Damit wird's Zeit für einen weiteren Bacon, nämlich **Francis Bacon** (1561 – 1626) aus London. Wie Galileo fand er es überflüssig, sich über die Religion den Mund fusselig zu reden, wo sich doch eh die ganze Sache nicht beweisen lässt. Er wollte Nägel mit Köpfen, denn die kann man sehen und anfassen. So wurde er zum Wegbereiter der Erfahrungsphilosophie und damit einer der ersten von vielen bedeutenden *Empirikern* (siehe Kapitel 6). Das sind jene, die erst dann wirklich *wissen,* dass die Herdplatte heiß ist, wenn sie sich die Finger verbrannt haben, denn für sie geht ohne Erfahrung, Experiment und Beobachtung gar nichts. Und in *der* Beziehung ist in Glaubensfragen nun wirklich nichts zu reißen. O-Ton Bacon: Als würde man sich an eine Nonne ranmachen – wie gesagt, seine Worte, nicht meine, (lebens-)gefährliche Worte übrigens, besonders in jenen Tagen!

Das Universum hält sich nach Bacons Theorie an strikte Gesetze, mit denen sich alles erklären lässt. Das Problem dabei, genauer gesagt *unser* Problem, ist bloß, dass wir ab und an den Text nicht kennen und uns darum immer wieder wundern, was so alles abgeht. Leider blieb unserem Erfahrungsapostel mit dem losen Mundwerk nicht genug Zeit, seine Universaltheorie im Detail auszuarbeiten, aber er soll immerhin schon mal gesammelt haben, was die Menschheit noch alles lernen muss. Und da ist eine Menge zusammengekommen. So blieb ihm nur noch Zeit für einen letzten Blick auf dieses von ihm verheißene Land rein naturwissenschaftlicher Erkenntnis, bevor er für immer die Fliege machte.

Seinem Erfahrungshunger durchaus angemessen, starb er an einer Lungenentzündung. Er holte sie sich beim Versuch, ein (totes) Huhn im Schnee tiefzufrieren. Allerdings nicht, um es später in aller Ruhe zu verspeisen, sondern um an ihm die Verzögerungen bei der Verwesung zu studieren. Vielleicht hätte er doch besser Erbsen genommen. Das hätte weniger lange gedauert.

Sein zeitweiliger Helfershelfer **Thomas Hobbes** (1588 – 1679) blieb dem Empirismus treu, wenn auch ohne Huhn. Mit den verstaubten Griechenknaben aus dem Altertum hatte er nichts und mit Gott nicht viel am Hut. Letzterem schrieb er jedoch immerhin den ausschlaggebenden Kick für das ganze Welttheater zu, weil er zur Feier der Schöpfung auf den Startknopf drückte und damit das ständige Gewusel in unserem Universum in Gang setzte. Klingt verdächtig nach Urknalltheorie, oder nicht? So oder so, damit war die Sache am Dampfen. Von dem Zeitpunkt an ging's um Handfestes. Denn all der Krempel, der rumflog, drängelte und rempelte drauflos wie Bayernfans vor dem

Schlusspfiff – und schon gab's »Akzidenzien«. Zumindest nannte Tommy sie so. Sie zeigen, was in dem vielfältigen Getümmel an Bewegung oder Ruhe, Farbe und Festigkeit steckt. Bewegung definierte Tommy als Freigeben und Einnehmen von Raum. Das klingt ein bisschen nach meinem Lieblingsspiel »Die Reise nach Jerusalem«, bei dem immer ein Stuhl weniger da ist als Leute, die sich hinsetzen wollen.

Ein Beispiel: Du döst auf dem Sofa – für Tommy ein Akzidens der Ruhe. Da sprintet Lieblingsbernhardiner Barry rein und bohrt dir die Zähne zärtlich in den Hintern. Er löst, laut Tommy, als zweiter Körper dein Akzidens der Ruhe auf und setzt ein solches der Bewegung in Gang – wie immer du auch reagierst. Klaro? Dies nannte Tommy das Gesetz von »Ursache und Wirkung«. So weit, so gut. Nun übertrag den Fall auf das ganze Universum und schon verstehst du, worum es ihm ging. Oder etwa nicht?

Hobbes war einer der ersten Philosophen, die ihre Theorie der rauen Wirklichkeit anpassten (Machiavelli war Politiker und kam gar nicht drumrum). Wahrscheinlich hat dem armen Tommy schon als Kind dauernd einer die Förmchen weggenommen. Jedenfalls kam er zum Schluss, dass der Selbsterhaltungstrieb als stärkste Kraft die Menschen dazu verführt, sich *aller* zur Verfügung stehenden Mittel zu bedienen, um zu dem zu kommen, was sie wollen. Tun das alle, ist das Chaos natürlich vorprogrammiert. Stell dir nur eine Schlacht am kalten Büfett vor. Man braucht nicht viel Grips, meinte auch Hobbes, um einzusehen, dass es einer Ordnung bedarf, um den Krieg aller gegen alle zu verhindern. Wie wahr! Und seine Lösung des Problems? Ganz wie im Märchen: eine allmächtige Königin oder ein ebensolcher König oder wenigstens eine Art Regierung. Da geht zwar einiges an individueller Freiheit in die

Binsen, aber wem wäre das nicht lieber, als eines Tages halsrasiert im Schilf zu liegen. Selbst wenn sich das Oberhaupt als absoluter Brutalo herausstellt, ist das immer noch besser als das Gemetzel, das im Falle einer Anarchie angerichtet wird. Wenn das, verehrtes Publikum, nicht klingt wie reinster Machiavelli – siehe vorne …

5

Ab in die Moderne: Die Vernunft schlägt zu

Für gewöhnlich wird der total schlaue Franzose **René Descartes** (1596 – 1650) als »Vater der modernen Philosophie« bezeichnet. Zu seiner Zeit war er als Oberzweifler bekannt, weil er an allem und jedem zweifelte – manchmal sogar an seinem eigenen Körper. So blieb ihm gar nichts anderes übrig, als seinen Denkapparat mit der »Frage nach Gewissheit« anzukicken. Das klingt super, denn wer will schon im Trüben fischen. Und der Junge hatte echt was drauf. Da fällt ihm doch ein Spruch ein, den noch niemand überboten hat, nicht mal die Marlboro-Werber: *Ich denke, also bin ich.* Gehört zu den Top Ten der schlauesten Statements aller Zeiten. Im Klartext heißt das, dass du am Denken gar nicht vorbeikommst, um an was zweifeln zu können – denn, wie gesagt, ohne Zweifel ging bei ihm nichts. Zum Glück zweifelte er offenbar *nicht* daran, dass er *denken* konnte, sonst wäre er gewiss verzweifelt – und wir hätten nie von ihm gehört. So aber zog er munter seine Schlüsse: Wenn ich denken kann, bin ich ein »denkendes Wesen«. Als solches bin ich meiner Existenz sicher, zumindest viel sicherer als der Existenz all des Krempels rundum, der bloß mit den Sinnen wahrnehmbar und deshalb mehr als zweifelhaft ist. Ehrlich gesagt, ich vermute, er ist nie in eine Tür gerannt.

Um geistig abzuspecken, krempelte der Oberrationalist die Ärmel hoch und begann im Philosophenhaus gehörig auszumisten. Dabei flog erst mal der Formen-, Ideen- und Universalienkram zum Fenster raus. Denn trotz seiner Zweifel war René praktisch veranlagt. Er fing bei null und mit den simpelsten Dingen an, bevor er sich in komplexere Probleme verheddderte – wie wir im richtigen Leben. Die Natur, behauptete er keck, kann man nur mechanistisch erklären. Ob Süßstoff oder Mondrakete, zunächst mal hat alles Substanz. Sie ist einfach *da* und dazu ist nichts anderes nötig. Es gibt sie allerdings in zwei Formen, nämlich als *denkende* und als *materielle,* also als Geist und als Körper. Obwohl die eine bestens ohne die andere auskommt, sind sie – wer hätte das gedacht – von einer allmächtigen, vollkommenen Obersubstanz abhängig … du hast es erraten: von Gott. Unser Zweifler hielt Gott für so was wie ein Konzept, das uns bei der Geburt ins Hirn tätowiert wird.

Auch für den tollsten und größten Gedanken gibt's keine Wohnungsnot, denn der Geist kommt ohne Raum aus. Allerdings kann man ihn auch nicht zerlegen. Im Gegensatz dazu verfügt jeder Körper über eine Ausdehnung, das heißt über Länge, Breite und Umfang – meiner ganz besonders! Und das ließ sich ohne Zweifel schon damals anhand der unterschiedlichsten Dinge beobachten, die durch das Universum drifteten.

Blieben die Leerstellen dazwischen. Sie ließen Descartes keine Ruhe. Da fand er heraus, wie er sie zum Verschwinden bringen konnte: Es gibt sie gar nicht. Die Körper füllen nämlich allen Raum aus – was sich zur Stoßzeit etwa in der U-Bahn unschwer feststellen lässt. Und anders als der Geist lässt sich dieser von Körpern ausgefüllte Packen bis zum Gehtnichtmehr in immer kleinere Teilchen zerlegen. Weil es was Leeres – außer manchmal im Hirn oder im Bauch – also nicht gibt, sieht's auch mit der Bewegung etwas anders aus als eben bei Hobbes. Nichts mehr mit »Reise nach Jerusalem«. Jetzt geht das alles fugenlos flüssig ab. Die zahllosen Winzlinge, in die Ausdehnungen mit Länge, Breite und Umfang zerlegt werden können, halten in aller Ruhe Umschau und tun sich nach Wunsch zu was Neuem zusammen.

Ich belle. Bin ich also nicht?

Mit Tieren kannte sich Descartes offensichtlich nicht gut aus. Er schloss kurz und messerscharf: Sie passen nicht in meine Denkschublade, also sind sie so was wie Automaten oder Roboter. Sorry, Barry. Was René eben abging, war eine Jugendzeit mit Alf oder Lassie. Das heißt, Alf zählt nicht so recht. Aber Lassie! Dieser schlaue Hund konnte sozusagen alles, von erster Hilfe bis zum Booten eines PC. Und wenn ich an Flipper denke … Aber der Denker denkt zuerst an sich und damit an die Menschen. Und diese tun beides: Sie denken *und* brauchen Platz – manche mehr als andere. Das macht aus ihnen zwiespältige oder dualistische Wesen – und Descartes zum Dualisten. Die Folgen zeigen sich bis heute, beispielsweise in der Spaltung Mensch und Hund. Oder hat er die Sache mit Subjekt und Objekt etwa doch anders gemeint?

Als Descartes 1649 am schwedischen Hof ein paar Weisheiten verkünden wollte, schlug ihm das derart auf die Lungen, dass er total aus der Puste kam. Auf dem Totenbett grummelte er etwas, das als »Nun, meine Seele, müssen wir uns trennen« überliefert ist – ein Beispiel für echten Dualismus bis zum bitteren Ende. Seinen drohend bevorstehenden Tod aber schob er – darin ganz Durchschnittstyp – jemand anderem in die Schuhe, nämlich der wissensdurstigen Königin Christine. Er moserte, sie habe ihn gezwungen, früh aufzustehen, um zu arbeiten. Ich kenne das Gefühl. Dabei hatte er sich bestimmt schlicht erkältet, weil er keine wollene Unterwäsche tragen wollte. So ging es nämlich schon ein paar Jahre zuvor Denkbruder Grotius, als er Christines kühles Schloss besuchte.

Der holländisch-jüdische, aus einer portugiesischen Familie stammende **Baruch de Spinoza** (1632 – 1677) gab nichts auf dieses Dualismus-Geplapper und verkündete, es gebe nur *eine* »Substanz« und das sei – na rate! Richtig: Gott. All die Siebensachen im Universum waren für Spinoza in Wirklichkeit ein einziges großes Ganzes – wohl im Gegensatz zum kleinen Halben. Und weil Einheit auf Griechisch *monás* heißt, gilt Spinoza somit als ein Anhänger des *Monismus*.

Stell dir nun vor, du hast eine Mauer auf der einen Seite mit Graffiti voll gesprayt (verboten!) und die andere Seite war schon dicht zu. Dann schaust du die Mauer von beiden Seiten an. Logo siehst du zweimal was anderes, nicht wahr? Dasselbe tat Spinoza mit der Substanz. Nicht voll sprayen natürlich, aber hinsehen. Und was kam dabei heraus? Von der einen Seite sehen wir sie als Körper und von der anderen als Geist. Voilà. Alles, buchstäblich alles, sei es Wasser, Stein oder Wind, Tier oder Mensch, ja selbst der Versicherungsvertreter von gestern Abend, ist sowohl Körper als auch Geist. Das eine gibt's ohne das andere nicht. Und weil Gott als einzige, unteilbare Substanz in allem drin ist, dürfen wir jetzt einen bereits erwähnten Begriff pauken, nämlich *Pantheismus,* was so viel heißt wie Allgottlehre. Ansätze dazu gab's schon bei Johannes Eriugena.

Der Mensch ist lediglich eine andere Form Gottes oder der universellen Substanz und jedes Individuum, also auch du und ich, ein Exemplar – Spinoza sagte *Modus* – aus Körper und Geist. Schön, nicht? Was wollen wir mehr? All die übrigen, die nichtmenschlichen Dinge haben zwar auch zwei Seiten, aber leider nicht besonders viel Abwechslungsreiches zu bieten. Anders wir, die Krone der Schöpfung. Wir sind komplexer gebaut und reicher ausgestattet. Vor allem aber ist unser Geist sich seiner Handlungen bewusst. Also, ich weiß nicht, wenn ich an all die Talkshow-Gäste denke, fällt mir dazu höchstens *selbstbewusst* ein – und zwar viel zu sehr.

Laut Spinoza sieht's so aus, als ob Geist und Körper bei uns Menschen nicht viel miteinander am Hut haben und jeder macht, was er will. Da sie sich aber ständig miteinander rumtreiben, bekommt der eine zwangsläufig auch was ab, wenn dem andern was passiert. So lässt sich nicht abstreiten, dass unser Geist von, sagen wir mal, ein paar Bierchen im Bauch durchaus in Mitleidenschaft gezogen wird. Wenn du das nun als Anfang einer Predigt über die Gefahr von Alkoholmissbrauch verstehst, kann ich's auch nicht ändern.

Zusammenfassung von Spinoza und wie er die Welt sah – wenn ich mir das erlauben darf: *Alles* ist Gott oder Substanz, und zwar in Form von Geist und Körper. Der Mensch ist nicht mehr als ein Rädchen in diesem ganzen malmenden Getriebe und genau genommen nichts anderes als Denken und Ausdehnung. Mit freiem Willen und baumelnder Seele ein kühles Helles zu bestellen, wird ihm nie gelingen, weil sowohl der eine wie die andere in seinem mechanischen Körper schmachten. Trösten wir uns damit, dass Gott in allem und kein einzig Ding nicht in ihm ist.

Unser Baruch war nicht zimperlich. Was er glaubte, das sagte er auch. Und so machte er sich bei den jüdischen Oberlehrern prompt etwas unbeliebt. Die feurigen Herren reagierten mit Rausschmiss und Beinahmord darauf, dass er die als unantastbar geltenden Bibelweisheiten im Alten Testament ins Reich der Fabel verwies oder zumindest mit befristetem Verfallsdatum versah. Dass er Jesus für einsame Spitze hielt, weil dieser »vernünftig« genug war, die Liebe in der Rangliste der wichtigsten Dinge an die erste Stelle zu setzen, brachte ihm gar nichts. Er wurde aus Amsterdam verbannt und zog in Holland umher. Den Lebensunterhalt verdiente er sich mit dem Schleifen optischer Gläser, deren Staub sicher zu seinem Tuberkulosetod beitrug. Seine Denkerzeugnisse machte er nur einem ausgewählten Kreis bekannt. Eins davon kam anonym in den Handel.

6

Empiriker GmbH: Die fünf Sinne schlagen zurück

Im siebzehnten Jahrhundert befand sich der Rationalismus ganz allgemein auf Siegeskurs. Nicht nur Descartes und Spinoza waren davon begeistert. Irgendwie lag es so echt im Trend, an die Vernunft zu glauben. Man hielt sie für den Ursprudelquell, den wir aufdrehen können, um die Welt zu verstehen und zu erklären. Damit die Sache funktioniert, hieß es, bekommen wir Menschen sozusagen nebenbei alle möglichen Ideen installiert, und zwar schon bevor wir auf der Welt sind. Dieses Vormodell von Windows 95 für den menschlichen PC stammte bereits aus der Zeit von Platon und Sokrates und hatte das Mittelalter unbeschadet überstanden.

Aber dasselbe Jahrhundert brachte auch einen neuen Satz Denker hervor, die das alles für Quatsch hielten. Das Spielchen kennen wir ja schon von früher: Kommt was gerade richtig in Fahrt, regt sich auch gleich Widerspruch dagegen. Diese »Neuen« erklärten sich – und damit auch dich und mich – als bei der Geburt rein weiß wie eine neu aufgezogene Leinwand und alle Menschen zu Lebenskünstlern – ob sie wollen oder nicht. Wie immer dein Seelenbild am Ende aussieht, *du* hast es gemalt. Selber schuld? Sag ich doch. Mag sein, dass dich das nicht juckt, aber lass dir gesagt sein: In einer rationalistischen, von Traditionen und Aberglauben beherrschten Welt war das ein radikaler, wenn nicht skandalöser Gedanke. Die Anhänger dieser Disziplin hießen *Empiriker* und Aristoteles war, obwohl längst verblichen, ihr Guru. Sie kamen mit dem tollen Werbespruch auf den Ideenmarkt: Erfahrung ist alles.

Als Star unter ihnen tat sich **John Locke** (1632 – 1704) hervor, ein besonders originelles englisches Denkergewächs. Er stammte aus einer aristokratisch angehauchten Familie und war finanziell fein raus – was ohne Zweifel von Vorteil ist, wenn man sein Leben denkenderweise verbringen will. Sein Gönner mit der offenen Brieftasche war der Örl, sprich Graf, von Shaftesbury. Locke, unter anderem auch medizinisch nicht von gestern, hatte nämlich eine kniffelige Operation überwacht, bei der dem Grafen etwas höchst Unangenehmes von der Leber geschnippelt wurde. Der gräfliche Dank bestand in Form eines versilberten Hähnchens, das bis an unseres Empiristen Lebensende nicht schlecht tropfte. Wenn das nicht schon mal eine *gute Erfahrung* war.

Aber ich schweife ab. Obwohl Johnny zum Klub der Erfahrungsfanatiker gehörte, mochte er den alten Descartes ganz gut und ging sogar nach Frankreich, um sich dessen Werk genau anzusehen. Unter dem Strich kam er aber zum Schluss, dass der noch nicht allzu lange Verblichene geistig auf Abwege geraten war. Denn wie er, Johnny, es drehte und wendete: Für ihn war Erkenntnis *nur* durch äußere und innere *Erfahrungen* möglich. Die ersten nannte er Sensationen, die zweite Reflexion. So weit, so gut. Als Nächstes aber fragte er sich, ob es draußen vor der Tür überhaupt eine wirkliche Welt gibt, über die wir nachdenken können, oder ob wir uns die bloß einbilden. Gott sei Dank sagte er: »Yes, Sir, es gibt eine.« Ich bin echt froh. Sonst wär's irgendwie total sinnlos, hier dran weiterzuschreiben – oder überhaupt noch was zu tun.

Und wie erfahren wir nun etwas über diese Welt? Über unsere Sinne natürlich. Sehen wir den Tatsachen doch ins Auge: Da rennen wir täglich durch die Gegend und erleben all die

Wunder – und Katastrophen. Ist doch klar, dass es sie *gibt*. Kann sein, dass wir nicht so recht wissen, *warum* wir das alles sehen und hören, aber das gehört, wie die Märchentanten immer sagen, in eine andere Geschichte. Die bloße Tatsache, dass etwas uns zu diesen Erfahrungen verhilft, beweist, dass es eine reale Welt gibt. Denn wo kämen sie sonst her, die Beule am Kopf und der Brummschädel nach der Disko?

Trotz dieser viel versprechenden Ansätze ging Locke den langen und einsamen Empirikerpfad nicht bis zum bitteren Ende. Dass wir überhaupt durchblicken – wenigstens manchmal –, hielt er letztlich dann doch wieder für eine Gabe Gottes. Und überhaupt: Auch das, sagte er, ist nur wahrscheinlich. Es gibt nun mal keine Sicherheit im Leben.

Obwohl naturwissenschaftliche Topstars wie Isaac Newton in unserem Johnny den entscheidenden Schlagmann für *ihr* Gewerbe sahen, druckste dieser seinerseits mit Gegenkomplimenten ziemlich rum: Er hatte extreme Zweifel, ob man deren Treiben überhaupt als echte Wissenschaft bezeichnen kann. Der Grund: Schließlich sei es ihnen nicht mal in einer Million Jahre möglich, uns den gottgleichen Einblick in das wahre Wesen der Dinge zu gewähren. Dagegen lässt sich in der Tat nichts sagen.

Locke und seine Empirikerkumpels einigten sich darauf, dass wir Menschen dumm – oder sagen wir mit blitzsauberer Geistesweste – zur Welt kommen, aber in der Lage sind, alle möglichen Information aufzufangen, die uns an die Birne geworfen werden. Ehrlich gesagt, muss es da gewaltige Unterschiede geben. Ich kenne einige, denen es mühelos gelang, mit ähnlich leerer Birne wieder abzutreten. Aber lassen wir das. Johnny war *sehr* für Bildung. Er sah darin a) einen auf äußeren Erfahrungen aufbauenden Lernprozess und b) einen möglichen Pfad zum Glück. Wer von uns wollte ihm darin widersprechen! Du vielleicht? Sein Ideal war ein rundum gesunder Verstand in einem ebenso rundum gesunden Körper. Wenn dir das wie die Werbung für eine rundum glücklich machende Penne vorkommt, liegst du nicht ganz falsch. Lockes Grundsatz: Schmeißt Kindern – bildungsmäßig – alles an die Birne und sorgt dafür, dass sie fix genug sind, es zu verwerten. Perfekt ist, wer sich mit allen verständigen, in jeder Lebenslage für sich sorgen und den richtigen Hebel ziehen kann, um den (An-) Forderungen seiner Umwelt gerecht zu werden. Arnold Schwarzenegger lässt grüßen.

In einem seiner Bücher ließ sich Locke ausführlich über einen wahren Ameisenhaufen von Ideen aus, die er in »einfache« und »komplexe« einteilte. Die netten, einfachen wie »rot«, »kalt« oder »bitter« sind das, was sie scheinen, und haben nichts weiter im Ärmel verborgen. Wie Atome können wir sie weder herstellen noch kaputtmachen. Aber wir können diese simplen Klötzchen zu einem Turm oder so zusammenbauen. Und schon haben wir – eine komplexe Idee. Und wenn es um einen solchen Mix geht, sind wir Menschen nicht von Pappe. Wir produzieren nämlich nicht nur Komplexes, sondern sogar Noch-nie-da-Gewesenes. Das Einhorn etwa oder all die andern seltsamen Geschöpfe, die durch das antike Griechenland geisterten. Was hätte Locke wohl zu Dolly, unserem Klonschaf, gesagt?

Wie sein inzwischen etwas verblasstes Idol Descartes schlug sich auch Locke mit primären und sekundären Eigenschaften herum. Nicht so, wie ihr jetzt vielleicht denkt. Ihm ging's bei den primären um Dinge wie Ausdehnung, Festigkeit, Bewegung, Anzahl und so. Ein Beispiel: Wenn dir ein Kumpel von der Tür her quer durchs Zimmer einen Bund Bananen zuwirft – könnte ja sein, nicht? –, dann nimmst du diese primären Merkmale objektiv wahr – und manche bekommst du ganz direkt zu spüren. Aber du verpasst den Bananen noch viele andere Eigenschaften wie Farbe, Geschmack, Geruch oder Temperatur. Diese sekundären Merkmale sind allerdings nicht wirklich, denn sie geben, laut Johnny, immer nur wieder, wie unsere Sinne die äußere Wirklichkeit empfinden. Das heißt, sie sind wankelmütig, mal so, mal so. Die primären Qualitäten ändern sich nicht, egal welche Bananen wir werfen. Die sekundären aber sind je nach Banane, Person und – nehme ich doch stark an – auch Tier immer wieder anders. Was du als »bananig« bezeichnest, unterscheidet sich vielleicht total von dem, was ich mir drunter vorstelle. Und das hängt nicht nur davon ab, ob wir Chiquita- oder Nica-Bananen essen.

Dem irischen Bischof **George Berkeley** (1685 – 1753) gab Locke mit seinen Ideen einiges zu denken. Ihm wollte beim besten Willen nicht einleuchten, dass wir alles nur in Form von Ideen wissen können und es dennoch irgendwo da draußen eine reale Welt geben soll, die für unsere Unterhaltung, sprich für unsere Erfahrungen, sorgt. Er wetzte seine Hirnwindungen so lange, bis ihm die folgende bohrende Frage einfiel: Wie zum Teufel können wir jemals *wissen*, dass eine Welt von Dingen unabhängig von unseren Ideen von diesen Dingen existiert, wenn unser ganzes Wissen auf äußeren Erfahrungen, also Sensationen, und innerer Erfahrung, also der Reflexion darüber, beruht? Mein lieber Johnny, dachte er sich, das ist reinstes geistiges Bungeejumping: Da sitzt du selbst mitten drin in all dem Kram und kannst mit deiner Theorie doch nicht beweisen, dass es die Welt rundum *gibt*. George hatte vor Bungee-Sprüngen keine Angst: Sein starker Glaube trug ihn. Und er sah hier die einmalige Gelegenheit, die Ungläubigen, ja den Atheismus überhaupt, ein für alle Mal zu erledigen. Er brauchte bloß den Glauben an die Materie, an »Dinge« wie Substanz und ähnlichen Kram glaubhaft zu widerlegen. Vergesst das Gequatsche über ein Universum, in dem materielle Objekte rumschwimmen wie Fische im Teich! Alles, was sich beweisen lässt, ist, dass der Mensch Ideen *hat*. An dieser Ecke hatten zwar auch andere schon gestanden, aber was tut das schon?

George Berkeley ging weiter. Okay, wir haben Ideen, meinte er. Aber *machen* wir sie auch? Natürlich nicht. Sie kommen von Gott. Und wenn wir unsere grauen Zellen nur ein bisschen in Bewegung setzen, sehen wir das ein. Gott ist ja wohl helle genug, sich auszurechnen, dass es nicht nötig ist, materiellen Krimskrams zu verteilen, der uns auf Ideen bringt, nicht wahr? Wo er die Abkürzung nehmen und *gleich* die Ideen hervorzaubern kann, ohne sich um das Handfeste groß zu kümmern. Wir wissen vielleicht nicht so genau, wer oder was ER ist, aber das Ergebnis seiner harten Arbeit ist uns bekannt ... IDEEN! Berkeley glaubte, dass nichts wirklich da ist, solange wir es nicht wahrnehmen und verstehen. Also, ehrlich gesagt, ich weiß nicht recht: Meine Pauker hab ich fast nie verstanden, aber ich bin mir bis heute total sicher, dass es sie gibt.

Betrachten wir es mal so: Ich hab's mir mit ein paar Kumpels im Wohnzimmer gemütlich gemacht. Wir ziehen uns einen Krimi rein. Wenn gerade nichts läuft, guck ich mich um, und was seh ich? Leere Cola-Dosen, ein Regal, ein geblümtes Sofa mit Sesseln und die Kuckucksuhr ... War bloß ein Witz. Laut Berkeley muss ich mich nun ernsthaft fragen, ob das alles auch echt da ist. Für ihn waren die Dinge, wie gesagt, nur Ideen und nicht materielle Objekte. So komisch das klingt: Versuch mal das Gegenteil zu beweisen.

Zurück ins Wohnzimmer und zum Krimi. Irgendwann muss ich mal. Ich geh raus. Verschwindet dann all der Krempel? Geht das alles in meinem Geist mit aufs Klo? Das ganze Filmset im Bad? Nein danke. Und wo geistern diese »Dinge« noch rum? Im Kopf meiner Freunde, okay. Aber wenn *niemand* mehr dort drinsitzt? Ja, dann gibt es unsere geblümte Sitzgruppe samt Kuckucks-uhr und auch die kühle Cola laut Berkeley bloß noch in Gottes Geist. Da ist das alles zwar gut aufgehoben, aber irgendwie irre weit weg.

So hat Berkeley das materielle Universum mit einem eleganten Ruck aus den Angeln gehoben. Was nicht in seinem, meinem oder deinem Kopf drin ist, muss bei Gott sein. Es sieht zwar aus, als wäre was echt da, aber das täuscht. Und dass ich beim Reinkommen hochkant über die Sofaecke fliege, beweist noch lange nicht das Gegenteil. Denn damit hab ich sie wahrgenommen – und dagegen hatte George nichts einzuwenden.

Moment, ich hol mal eben die Idee meines Fahrrads aus der Idee unseres Kellers und fahre zur Idee einer Seelenschlosserei: Mein Kopf – oder die Idee meines Kopfs? – tut weh. Ob das dann wohl Phantomschmerzen sind?

Der englische Hauptempiriker war – ein Schotte: **David Hume** (1711 – 1776). Auch er setzte sich jung nach Frankreich ab, dem Land, in dem die Spitzen der Philosophie wie Descartes gelebt und gelehrt hatten. Später tat er sich als Englands offizieller *chargé d'affaires,* also so was wie ein politischer Werbefritze, in Paris um. Seine eigene Affäre (veraltet für Beziehungskiste) mit einer reichen Komtesse blieb jedoch auf der Strecke, da die Angebetete sich für einen anderen entschied. Unser David war zwar ein heller Kopf, doch offenbar in dekorativer Hinsicht nicht sonderlich gesegnet. Eine zeitgenössische Beschreibung, die wir hier lieber auslassen, meint boshaft, die Weisheit habe sich noch nie in solch sonderbare Gestalt verkleidet. Aber ich schweife ab.

Humes »Abhandlung über die menschliche Natur« verrät, dass er letztlich auf Seiten der Naturwissenschaft stand – und mit handfesten Testreihen an die Erforschung des menschlichen Verstandes rangehen wollte. Also suchte er nach einer Ordnung in den scheinbar chaotischen Abläufen in der Natur. Vielleicht freut es dich zu hören, dass Gott für einmal nicht mit von der Partie war, da David keinen vernünftigen Grund für dessen Existenz finden konnte. Dafür stimmte er Berkeley in was anderem zu: Dinge existierten auch für ihn nur dann, wenn man sie tatsächlich wahrnimmt. Er war sogar noch etwas radikaler und behauptete steif und fest, dass das ganze Zeug in einem Zimmer überhaupt nicht mehr existiert, wenn man erst mal draußen ist. Paff – und weg ist mein Fernseher. Und was uns selbst betrifft? Auch wir sind keine besondere Substanz. Unser wertvolles Ich ist nichts als eine Sammlung kunterbunter Ideen, zu denen ständig neue hinzukommen. Ein Beispiel: Du gehst aus dem Haus – und schon kannst du dich nicht mehr retten vor all den Sinneseindrücken, die auf dich einstürzen: Tür – Treppe – Fußweg – Gehsteig – Bushaltestelle – Automat – kein Kleingeld. Und das Ganze rückwärts. Hume konnte darin beim besten Willen keinen Beweis für die Existenz Gottes erkennen. Und ich kann es ihm irgendwie nachfühlen.

Er sah sich als eine Art Großreinemacher. Höchste Zeit, dass endlich einer die Berge alter Ideen und halb verdauter Vorstellungen aufräumte, die sich seit dem Mittelalter angesammelt hatten. Also spurtete er durch das philosophische Großraumbüro, wo all die Typen saßen, die nicht wussten, wie's weitergehen sollte, leerte ihnen die Papierkörbe und brachte den ganzen Krempel am nächsten Morgen fein säuberlich sortiert zurück. Er traute nur dem, was er wahrnehmen konnte. Wunder, Gespenster, Geister, Engel, Elfen, der Nikolaus oder Marsmenschen standen für ihn gar nicht erst zur Debatte. Das einzig Sichere war, dass ihm Ideen durch den Kopf gingen. Woher sie kommen? Keine Ahnung. Was sie sollen? Keine Ahnung. Wohin sie führen? Keine Ahnung. Und wo landen wir, wenn wir ihm folgen? Jetzt im Chor bitte, laut: KEINE AHNUNG!

Klingt radikal, nicht? Aber Hume ging entschlossen bis zum bitteren logischen Ende – bitter zumindest für Rationalisten: Die Vernunft ist der Wahrnehmung völlig ausgeliefert, Wissen liefern einzig Erfahrungen und auch der klitzekleinsten Idee muss eine Wahrnehmung vorhergehen. Selbst die allgemein verbreitete *Idee* von Ursache und Wirkung, die uns als sogenanntes Kausalgesetz so viele Fragen erklärt und damit vom Hals schafft, kann daher nur auf Erfahrung beruhen. Ein anschauliches Beispiel: Wir ziehen zehn Bier rein und kippen kurz darauf um. Die zehn Bier – was mich betrifft, reichen schon vier – sind die *Ursache* der *Wirkung* in Form von Aus-den-Latschen-Kippen. Klar, was denn sonst? Aber: Es sind zweierlei Dinge. Dass das eine *auf Grund* des andern geschieht, »wissen« wir *nur* durch Beobachtung oder aus Erfahrung. Wir haben es deshalb, laut Hume, weniger mit Wissen als mit einer Art Vorhersage zu tun. Und wenn wir an die Wettervorhersage denken, ich meine, wie oft die sich dabei irren, dann ist es verständlich, dass Hume die menschliche Gabe der Erkenntnis sehr vorsichtig beurteilte. Mit einem Wort: Er war ein *Skeptiker*. Und als solcher soll er uns in Erinnerung bleiben.

Den letzten Platz – nicht etwa den letzten Rang – in diesem Kapitel vergeben wir an einen deutschen Denksportler, der den Rationalismus mit dem Idealismus verband. Man muss schon ziemlich schlau sein, um mit fünfzehn an die Uni zu gehen, und der junge **Gottfried Wilhelm Freiherr von Leibniz (1646 – 1716)** war es ganz bestimmt. Nach langem Denktraining und gewiss ausgedehntem Nachdenken vor dem sternenübersäten Himmel kam er zum Schluss, dass die wichtigste Eigenschaft aller Dinge im Universum die *Kraft* ist: die Tendenz, sich zu bewegen oder die Bewegung zu erhalten. Mit oder ohne Training!

Für ihn gehörte zu jedem einzelnen Ding eine eigene Vorstellung oder Idee, die nur Gott kennt und aus der ER, also Gott, jederzeit alle Eigenschaften ableiten kann, die besagte Dinge zeitlebens besitzen. Im Gegensatz zu Spinoza, der sich mit einer einzigen Substanz begnügte, gab es für Leibniz eine unendliche Anzahl davon. Sie alle werden von Gott genährt. Mit Leibnitz-Keksen etwa? Im Übrigen sieht's so aus, als wäre dieser Wunderknabe ein Optimist gewesen, denn er hielt die Welt aus all diesen Substanzen doch tatsächlich für die vollkommenste aller möglichen Welten. Da kann einem die Spucke ganz schön wegbleiben, oder etwa nicht? Jede seiner Substanzen ist für sich genommen supersimpel, fast wie ein Atom, aber lebendig. Leibniz nannte sie *Monaden* (Krafteinheiten). Aber da gibt's Unterschiede auf der Stufenleiter, kann ich euch sagen: Die untersten sind ziemlich trübselig und bilden die anorganische Welt. Dann folgen die Monaden der Pflanzen und Tiere, schon etwas klarer – und zwar von Pflanzen zu Tieren zunehmend. Bei uns Menschen geht's dann noch etwas ordentlicher zu – Glück gehabt! Die Urmonade aber, nämlich Gott, ist über alle Zweifel erhaben. Wer hätte das gedacht?

Zugleich ist jede dieser Minimonaden ein Spiegel des ganzen Universums. Da sie »keine Fenster hat« – das sind seine Worte, nicht meine –, kommt nichts rein und geht auch nichts raus, sodass sie bleibt, wie sie war und ist. Lebewesen haben eine Zentralmonade, die alle anderen Monaden zusammenhält wie ein Hirtenhund die Herde. Geradezu idyllisch. Und obwohl die Monaden nichts miteinander am Hut haben – schließlich sind sie nach außen dicht –, sind sie ganz happy zusammen. Bekommt eine den Rappel, machen die andern ein Pokerface dazu und tun, als hätten sie nichts gesehen. Da sie aber ähnlich beschaffen sind, neigen sie dazu, stets dasselbe oder eben das Richtige zu tun. Fazit: Alle Monaden arbeiten Hand in Hand wie ein gut geölter Organismus. Egal, ob dir das alles nun einleuchtet oder nicht, Leibniz behauptete – etwas sehr selbstbewusst, finde ich –, dass er damit die *ganze* Wissenschaft mit dem *ganzen* Christentum verknüpft hat: Das Universum ist grundsätzlich was für die Wissenschaft, aber letzten Endes wird es von Gott gesteuert. Na ja, von mir aus. Es lebe die Li-Monade!

7

Alles klärt sich auf – oder doch nicht?

Am Anfang des achtzehnten Jahrhunderts führte England die Weltrangliste im Denken an. Aber nicht mehr für lange. Mit neuen Disziplinen machte zuerst Frankreich und später, gegen Ende des Jahrhunderts, Deutschland von sich reden. Die neuen französischen Stars dieser Epoche waren die Aufklärer. Viele von ihnen nahmen den Sturzflug in der Futterqualität in Kauf und setzten sich besuchsweise nach England ab, weil sie dort ein lockereres Mundwerk führen konnten. Die Spitzenreiter hießen Montesquieu, Rousseau und Voltaire. Ihr Idol war Locke. Sie fanden besonders seine Vorschläge für Toleranz, Freiheit und eine konstitutionelle Regierung super. Aber auch der alte Sokrates und die Stoiker kamen zum Zug. Total auf die Vernunft abfahrend, begannen die drei an einem moralischen, religiösen und ethischen Fundament herumzubosseln, das auch im Alltag tauglich war.

Bei einem Typ namens **Charles-Louis de Sécondat, Baron de la Brède et de Montesquieu (1689 – 1755)** kannst du schlank drauf wetten, dass er auf der Sonnenseite des Lebens geboren wurde. Zu seinem Pech hatten es die französischen Adligen mit ihren absolutistischen Herrschern damals allerdings nicht gerade leicht – vom Fußvolk nicht zu reden. Kein Wunder, dass Montesquieu seine Zeit nicht nur damit zubrachte, das oben erwähnte Fundament zu legen, sondern auch *noch* reichere Frauen umschwärmte – ein Versuch, auf der gesellschaftlichen Trittleiter höher zu klettern und zugleich seiner oft kaum verhehlten Genusssucht zu frönen. Bleibenderen Eindruck hat er mit seiner Theorie der so genannten Gewaltentrennung hinterlassen. Wie Locke forderte er, dass diejenigen, die die Gesetze *machen*, nicht dieselben sind wie die, welche sie *durchsetzen*. Trockener ausgedrückt heißt das »Trennung zwischen gesetzgebender und ausführender Gewalt im Staat«. Und dafür, dass das System läuft, sollte eine unabhängige dritte, nämlich die richterliche Gewalt sorgen. Der Vorschlag klingelte erst den französischen Revolutionären in den Ohren, dann den Gründern der Vereinigten Staaten und wurde schließlich zur Kraftnahrung für die moderne Demokratie.

Als unsere französischen Denksportler sich selbst aufgeklärt hatten, fanden sie das schön und gut. Aber sie schnallten rasch, dass alles nichts brachte, wenn die zigtausend Leute, die in Armut und Schmutz lebten, nicht *auch* klar sahen. Also mussten sie sie auch aufklären. Und der beste Weg dazu führte über ihre meist noch schmutzigeren Kids. Es ging dabei aber weniger um die tägliche Dusche. *Geistige* Frische sollte es sein: damit sie sahen, wie dreckig es ihnen ging. Sonst konnte man den Fortschritt gleich abschreiben. Kaum aber stand dieser Teil des Fundaments einigermaßen fest, verfügten unsere Bauherren einen Baustopp und dann eine Wende. Das ist, wie wir inzwischen nur zu gut wissen, als Zeitvertreib unter Philosophen durchaus beliebt. Statt das Haus endlich zu bauen, fragten sie sich – nach dem Sinn. Und begannen ausgiebig über die Frage der »Kultivierung der Massen« zu diskutieren. Die Kids mussten warten.

Der Vielschreiber, Denker und Pauker **Jean-Jacques Rousseau** (1712 – 1778) investierte eine ganze Menge Power in ein rastloses Zappen von Land zu Land, von Job zu Job, von

Glauben zu Glauben – und von Frau zu Frau. Aber er war die meiste Zeit nicht gut drauf. Irgendwie passte ihm der ganze Gesellschaftskram nicht die Spur.

Siebenundzwanzig Jahre vor der Französischen Revolution redete er sich den Mund fransig über Werte wie »Naturzustand« und »Gemeinwillen«, die er echt stark und vor allem viel besser fand als den so genannten »Gesellschaftsvertrag«. Damit wollte er sagen, dass die Menschen einst im reinen Urzustand glücklicher waren als später mit den gesellschaftlichen Gesetzen und Regeln. Ob er an FKK dachte und dass wir statt Penne morgen Sonnenbaden auf den Stundenplan setzen können? Na ja, ganz so simpel sah er's auch wieder nicht. Selbst die freien Naturmenschen müssen ihren persönlichen Willen nämlich an den Gemeinwillen abtreten. Verständlich, denn sonst geht ja alles drunter und drüber. Rousseau nannte das »zur Freiheit gezwungen sein«. (Das Prinzip biegen besonders gern jene Schlauköpfe für sich zurecht, die jede Party schmeißen wollen, indem sie den angeblich besten Gemeinwillen durchsetzen. Sie verkaufen ihn jeweils unter dem Etikett »Zum Wohl der Allgemeinheit«.)

Kultur und Wissenschaft hielt Rousseau für Quatsch, weil sie weder glücklich noch tugendsam (!) machen, sondern genau das Gegenteil bewirken. Eine seltsame Ansicht, wo er doch selbst Seifenopern und Schmierenkomödien schrieb. Weiter lästerte er über den furchtbaren Einfluss der Gesellschaft auf die Kinder. Ich bin mir nicht sicher, ob er dabei Videospiele und Fernsehen schon beim Frühstück meinte. Auf alle Fälle fand er, dass ein kleiner Racker so lange vor ihr – der Gesellschaft – beschützt werden muss, bis er so von sich überzeugt ist, dass sie ihm nichts mehr anhaben kann. Eine tolle Sache, ehrlich. Nur leider: Ich sage absichtlich *der kleine Racker,* denn mit *Gören* hatte Jean-Jacques erzieherisch offenbar nicht ganz dasselbe im Sinn. *Sie* sollten die Männer umsorgen und beglücken – und dies beizeiten lernen. Der kleine Racker dagegen muss frei sein, um sich *ganz* seiner inneren Natur gemäß zu entwickeln – und sei diese noch so … bescheiden. Ich fürchte, heute müsste sich Rousseau in seinem eigenen Interesse von Salman Rushdie beraten lassen. Dennoch sollten wir uns diesen Naturschwärmer alles in allem als den ersten Philosophen der *Romantik* merken.

François Marie Arouet (1694 – 1778), der sich den Namen **Voltaire** zulegte, war der Letzte der unternehmungslustigen Dreiergruppe. Seine ätzende Feder beförderte ihn mehrmals ins Exil, unter anderem nach Holland und England. Aber als er, kurz bevor er unserem Planeten ein für alle Mal adieu sagte, nach Paris zurückkehrte, wurde er als der »größte französische Held der Aufklärung und als der mutigste Verfechter von Freiheit und Toleranz seiner Generation« gefeiert. Nicht schlecht für jemanden, der einen Großteil seines Lebens hinter Gittern oder außer Landes verbringen musste, nicht wahr?

Als Philosoph mischte sich Voltaire einen entschieden kopflastigen Drink aus Naturwissenschaft und Empirismus (siehe dort), abgerundet mit einem kräftigen Schuss religiöser Ehrfurcht. Im Übrigen motzte er mutig gegen die Missetaten des Königs – eine absolut sichere Möglichkeit, den Kopf aufs Spiel zu setzen – und die ungerechten, einseitigen Privilegien des Adels. Er glaubte an Gott, fand dessen kirchliche Liebediener allerdings entsetzlich und die christliche Religion noch schlimmer. Seine Überzeugung: Wer's so weit bringt, dass du an Unsinn glaubst, kann dich zu allen Scheußlichkeiten verleiten. Voltaire betrieb nicht einfach persönliche Seelenmassage, um sein Gewissen zu beruhigen. Er wollte echt erreichen, dass es den Menschen besser ging, und rief in seinen Schriften zum *Handeln* auf. Ich glaube wirklich, wir sollten jetzt endlich was tun!

Wie schön, einen Philosophen mit einem halbwegs normalen Namen zu entdecken! **Jonathan Edwards** (1703 – 1758) aus dem sonst unbedeutenden amerikanischen Kaff East Windsor gilt inzwischen als einer der hellsten Köpfe von drüben – zumindest was das Denken betrifft. Er war Kalvinist bis über beide Ohren, das heißt einer jener Theologen und Bußprediger, die glauben, dass alle unsere Handlungen vorbestimmt sind. Wenn du jetzt beim Lesen einschläfst, ist das also nicht meine Schuld. Von Leuten wie Locke und Berkeley aufgestachelt, kam er zum überaus beruhigenden Schluss, dass die Welt, wie wir sie kennen, bloß eine Serie von Eindrücken ist, für die wir uns bei unserem großen Wohltäter im Himmel zu bedanken haben. Bei Gott! Seiner Gnade verdanken wir im Übrigen auch jeden guten Faden an Leib und Seele. Aus eigener Kraft können wir nämlich den Karren nicht aus dem Dreck ziehen, in den wir ihn gewühlt haben. Mit Ansichten wie diesen bekam dieser Johnny eine Hauptrolle im Stück »Die große Erweckung«, das im achtzehnten Jahrhundert drüben in Neuengland mit Erfolg über die Bühne ging.

Damit wenden wir uns für den Rest des Kapitels deutschen Denkern zu. Zuerst einem Dichter, der auch Denker war: **Gotthold Ephraim Lessing** (1729 – 1781). Wie Voltaire – wenn auch nicht so trotzig-verwegen – war er äußerst vernünftig und ein echter Aufklärer. Was er sich als Denker ausdachte, brachte er als Dichter auf die Bühne: damit möglichst alle wissen, was sich in Sachen Moral gehört. In seinen Stücken geht's so ideal zu, dass du dich bestimmt schämst, weil du gestern Morgen in der Matheprobe schon wieder gemogelt hast. Aber vielleicht hätte Gotthold ein Auge zugedrückt. Er glaubte zwar, dass wir frei sind, um nach dem Gewissen zu handeln – also nicht zu mogeln –, aber er gab auch zu, dass wir von manchen Dingen abhängig sind – du zum Beispiel von der drohenden Nicht-Versetzung.

Ein echter Philosoph, der der Szene auch gleich noch einen ganz neuen Dreh gab, war **Immanuel Kant** (1724 – 1804). Von den modernen Denksportlern ist wahrscheinlich keiner so berühmt wie er. Sein Vater war Sattler und er selbst verbrachte sein ganzes Leben in Königsberg. Ich möchte mal wissen, was er von Königsberger Klopsen hielt. In seinem Hauptwerk »Kritik der reinen Vernunft« von 1781 sagt er leider nichts darüber. Dafür um so mehr über die Vernunft, der er zu ihrem rechtmäßigen Anspruch verhelfen wollte, und zwar nicht durch grundlose Behauptungen oder willkürliche Urteile, sondern in Übereinstimmung mit ihren eigenen ewigen und unveränderlichen Gesetzen. Das sind übrigens mehr oder weniger seine Worte, nicht meine.

David Hume hatte unseren Königsberger aus seinem »dogmatischen Schlummer« gerissen, und zwar weil er kurzerhand die Metaphysik abschaffte. Denn in dieser Disziplin – also im Erforschen der Wirklichkeit über die sinnliche Erfahrung hinaus – hatte unser Immanuel bereits einige Einsen mit Stern geschrieben. Und da kam einer daher und schmiss sie einfach in den Papierkorb? Eingeschnappt und zum Äußersten entschlossen, begann Kant die Schnipsel zusammenzuflicken und legte sie an ihren angestammten Ehrenplatz zurück.

Wie Berkeley hielt er die Philosophie für unentbehrlich, um die Stützbalken seines christlichen Glaubens abzuklopfen, und er kämpfte dafür, dem Menschen wieder seine rechtmäßige Position zu verschaffen: Herrscher des Universums. Klingt wie »Krieg der Sterne«, nicht? Kant war ein irre guter Oberpauker, der sämtliche bis dahin verfügbaren Denkkonstruktionen wie der Blitz hersagen konnte. Zusätzlich schlug er sich die freien Nachmittage am liebsten mit Rätselfragen um die Ohren: Was kann ich wissen? Was ist Erkenntnis und wie kommt sie zu Stande? Was können wir wirklich erkennen und wie können wir es erkennen? Nach langer geistiger Schwerarbeit kam er irgendwann zum Schluss, dass der Mensch nur seiner eigenen Erfahrung vertrauen kann. So weit waren die Empiriker auch gekommen. Aber damit gab sich Immanuel nicht zufrieden.

Hume und Co. meinten, logo, wenn wir nur die Erfahrung haben, *muss* ja wohl *alle* Erkenntnis der Erfahrung entspringen. Nicht unbedingt, meinte Kant und drehte die Sache um: Statt dass die Erkenntnis sich nach den Gegenständen richtet, können sich die Gegenstände doch genauso gut nach unserer Erkenntnis richten. Ja, möglicherweise formt überhaupt erst die Art, *wie* wir etwas erkennen und darüber nachdenken, unsere Erfahrung. Laut Kant verfügen wir Menschen über so genannte »apriorische« Formen, also so was wie eingebaute geistige Vorlagen – und können nur deshalb Erfahrungen machen. Apriorisch – was wörtlich so viel heißt wie »von früher her« – nannte er sie übrigens, weil sie unabhängig von Personen und Umständen bei uns allen gleich sind. Ohne diese notwendige Voraussetzung könnten wir gar keine Sinneseindrücke empfangen, aber sie lassen sich auch nicht davon trennen. Wir haben also, wie die kleinen Grünen vom Mars, eine Antenne im Dauerbetrieb installiert. Die neue Formel für die ganze Sache lautete nun: Erfahrung ist apriorische Form *und* empfangener Sinneseindruck. Nicht gewusst? Macht nichts. Für die meisten war sie damals auch neu. Und bald wurde sie die »kopernikanische« Wende im Denken genannt.

Unsere Erfahrung hängt also davon ab, *wie* wir einen Gegenstand erkennen. Wie das Ding tatsächlich ist, können wir gar nicht wissen. Nur wie es erscheint, meinte Kant. Da frag ich mich nur, wie wir denn je über die ganze Welt Bescheid wissen wollen. Wenn wir nicht mal den klitzekleinsten Wurm wirklich kennen? Das liegt für unser Spatzenhirn dann ja wohl jenseits von gut und böse. Bloß keine Panik! Kant hatte eine wunderbare Erklärung dafür. Alles, was wir sehen und hören, riechen, schmecken und fühlen, wird in unserem Bewusstsein durchgespült und – flugs – in Ideen und Begriffe umgewandelt. Dabei hilft uns der Verstand. Zu diesen Ideen und Begriffen gehören auch die Welt und das Universum. Unsere Vernunft nimmt sie zu Hilfe, um unsere Erfahrungen immer wieder neu zu ordnen, damit wir uns zurechtfinden. Sie gehen weit über unseren Erfahrungshorizont hinaus, das heißt, sie sind *transzendental.* Sag bloß!

Ob wir uns beim Kartoffelschälen in den Finger schneiden oder beim Skating die Knie aufreißen, kurz, während wir die Welt erfahren, kommt uns der Verdacht, dass alles nach Naturgesetzen abgeht. Dass die Welt keinen realen Anfang hat und dass es kein *Ding* gibt, das sie verursacht hat – und auch keins, dem an ihrem Fortbestand liegt. Sonst würde ja nicht dauernd was schief gehen, nicht wahr? Kant fand das offenbar auch einleuchtend. Wenigstens meinte er, dass wir es so sehen müssen – weil wir es nicht anders erfahren können. Aber wozu haben wir dann Vernunft und Verstand? Wir haben Vernunft und Verstand, so Immanuel, um uns eine Welt der Begriffe und Ideen zu schaffen, die unendlich ist. Eine zweite Welt, die von den Naturgesetzen frei ist und in der es eine Instanz gibt, die den ganzen Kram zusammenhält: den Zeigefinger im Himmel, dem wir zu gehorchen haben – Gott!

Und wenn wir schon die Wahl haben, sollten wir möglichst so tun, als würde diese zweite Welt *existieren,* und sei es nur, um Moral und Anstand zu wahren. Keine Widerrede! Es ist die einzige Chance, dass bei uns Menschen überhaupt was Gutes rauskommt. Denn diese zweite Welt nimmt uns am Wickel. Nur so machen wir uns auf die Socken und gehen ernsthaft auf unsere Ziele los. Nur gute Ziele, versteht sich. Und zwar nicht, weil das jemand von uns will (Techno etwas leiser, bitte!) oder wir selbst es wollen (einen Big Mac, und zwar subito), sondern weil wir es für unsere ... *Pflicht* halten, gut zu sein. Was Gott betrifft, hielt Kant ihn für den besten Einfall, den die Menschen je hatten: Er ist wunderbar für die Moral, sozusagen als moralischer Gesetzgeber unentbehrlich. Es *muss* einen weisen und guten Gott geben, behauptete Kant, denn wir brauchen ihn und seine Gebote, um das »höchste Gut« zu erlangen – die Vereinigung von Tugend und Glückseligkeit. Ich nehme an, er kannte den gefährlichen Spruch »Verbotene Früchte schmecken am besten« und wollte was dagegen tun.

Für Kant gab es also zwei Welten: die Welt der Erfahrung und die Welt der Vernunft. In seiner praktischen »Vernunftwelt« galt eine einfache, aber strenge Regel. Dem Ernst der Lage angemessen, zitiere ich sie wörtlich: »Handle so, dass die Maxime deines Willens jederzeit zugleich als Prinzip einer allgemeinen Gesetzgebung gelten kann.« Stark vereinfacht heißt das: Tu nur das, was du auch dann für richtig hältst, wenn es alle anderen tun. Und zieh dich gefälligst sauber an, wasch dir die Ohren, und geh nie bei Rot über die Straße! Ob das auch dazugehört? Dreimal darfst du raten. Damit hatte Kant zwei Ideale gerettet, um die – so glaubte er wenigstens – Hume uns arme Teufel mit seinem Erfahrungstick beinah gebracht hat. Nein, nicht die sauberen Ohren und Hemden, sondern: Würde und Freiheit! Kant kam zum Schluss, dass es eine Wahrheit gibt, die weit jenseits dessen liegt, was wir Menschen verstehen können. Und wo genau, bitte?, hör ich dich bohrend fragen. Sie ist tief in uns verankert und wir besitzen damit einen absoluten inneren Wert.

Und wie können wir sie finden. Oder vielmehr: Wie erkennen wir den Unterschied zwischen richtig und falsch? Wie Rousseau sah Kant als einzige Rettungsbojen die Selbstbeherrschung und den Willen, sich aus Respekt dem moralischen Gesetz und der Pflicht zu beugen. Stöhn! Wenn du also nur drauf aus bist, mit einer guten Tat eine schnelle Mark zu machen, holst du dir im Wettbewerb »Falsch oder richtig?« keine Punkte. Noch nicht mal dann, wenn du's aus Sympathie machst. Schluck.

Nicht das Resultat ist wichtig, sondern die Einstellung. Sag das mal deinem Mathelehrer. Meiner wollte es nie einsehen. Wer nach bestem Wissen und Gewissen handelt und natürlich das gute, alte Moralgesetz befolgt, braucht sich über die Folgen nicht den Kopf zu zerbrechen. Das moralische Gesetz ist Teil der Vernunft oder apriorisch, also von Anfang an in unserem Denkapparat verankert. Etwas apriorisch Richtiges musst du weder durch Beobachtung noch durch Ausprobieren »beweisen«. Du liegst immer dann goldrichtig, wenn du was tust, das alle anderen auch tun dürfen, ohne dass du ausrastest. Umgekehrt gesagt: Was du nicht willst, das man dir tu, das füg auch keinem andern zu. Trotz aller Verehrung für unseren superklugen Denker scheint mir hier eine gewisse Vorsicht am Platz. *Du* hast nichts gegen Techno, im Gegenteil. Können also echt *alle* mit röhrendem Ghettoblaster durch die Gegend rennen? Vielleicht sollten wir Immanuel fragen, was er davon hält. Postkarte genügt.

Kant ging also davon aus, dass dieses moralische Gesetz von vornherein in uns drin ist. Beachten wir's nicht, geht alles drunter und drüber und wir schlagen uns auf jeder Party gleich die Hucke voll. Echt kein Leben, was? Deshalb wollte er, dass wir alle wie Weltbeherrscher handeln, kleine Königinnen und Könige. Er fand das die sicherste Methode zur Verbreitung des Guten auf der Welt. Denn er ging davon aus, dass das Volk – das sind in diesem Fall alle um dich rum – seinen Obermotzen alles nachmacht. Ob er echt nicht geschnallt hat, dass sich in Wirklichkeit leider die wenigsten Königinnen und Könige an seine goldene Regel halten und persönlich so handeln, dass es sich zur Nachahmung empfiehlt?

Im Gegensatz zur Natur, die ständig über irgendwelche Wirkungen meist fürchterlicher Ursachen stolpert und wo der eine den andern auffrisst, müssen wir Menschen an unseren freien Willen glauben. Denn allein die Tatsache, dass uns bei so vielen verführerischen Gelegenheiten das Gewissen zwickt, beweist ja wohl, dass wir die Wahl haben, so oder anders zu handeln. Und wenn das kein freier Wille ist, was dann?

Alle, die je dachten – oder zumindest vor Kant dachten –, haben früher oder später über der Frage gebrütet, wie wir denken und was unsere oft mickrige Welt dabei für eine Rolle spielt. Von ein, zwei Haupttheorien haben wir bereits gehört. Einmal von der unbemalten Seelenleinwand, mit der wir zur Welt kommen, um die Welt mit den Sinnen zu erfahren und das Bild dann zu malen. Und vom Gegenteil: dass wir mit vorinstallierten Ideen in Form einer Standardausrüstung ins Rennen steigen und lediglich noch einen sanften Schubs brauchen, um sie uns bewusst zu machen.

Kant versuchte es mit einem Mittelweg samt neuer Pflasterung. Der sah ungefähr so aus: Wir kriegen zwar die nötigen Zutaten von allen Seiten geliefert, aber dann tritt unser Bewusstsein in Aktion. Es formt, wie weiter oben bereits angedeutet, aus diesen Zutaten Ideen und Begriffe. Unser Bewusstsein ist Gott sei Dank nämlich so was wie eine hochkomplexe Puddingform mit allen möglichen, unterschiedlichen Ein- und Ausbuchtungen. Was da nun an Sinneseindrücken reinfließt, bekommt sofort die ihm entsprechende Form. Im Gegensatz zu den zigtausend echten Förmchen gibt's bei unseren geistigen Puddingformen jedoch nicht viel Abwechslung. Deshalb denken wir alle ganz ähnlich und ordnen auch die Regale, in denen wir die Eindrücke – als Ideen und Begriffe – verstauen, ähnlich an. So weit, so gut. Ich hab mich zwar für ein echt starkes Individuum gehalten, aber vielleicht ist da was anderes gemeint. Nun kommt's aber dicke: Was immer wir da verstauen, ist eine Erscheinung, die direkt aus unserer geistigen Puddingform kommt. Und das heißt noch lange nicht, dass wir das »Ding an sich« vor unserer Nase haben. Wir *kennen* also die Welt außerhalb unseres Bewusstseins *nicht*. Wir wissen zwar, dass sie existiert, und können sogar in der Gegend rumrennen und unsere Erfahrungen umschichten, indem wir weitere in unsere Puddingform aufnehmen und umwandeln – aber damit hat sich's! Punkt. Ende. Unsere Welt ist hausgemacht und von der Ausrüstung abhängig, mit der sie zubereitet wird.

Johann Gottlieb Fichte (1762 – 1814) war ein begeisterter Kant-Fan, aber er plapperte ihm nicht einfach alles nach. Auch er stammte aus Ostdeutschland und paukte an der Uni von Jena, erst Theologie und später Philosophie. Seine erste Denk-Schrift erschien versehentlich anonym – und wurde prompt Kant zugeschrieben. Eine große Ehre für unseren Johann und einträglich dazu, denn der Irrtum machte ihn berühmt. Das Büchlein enthielt einen Mix aus geradezu überwältigenden Moralvorstellungen, einer Lobeshymne auf die Französische Revolution – immer leichter, wenn man sich in sicherer Entfernung befindet – und lauter dicken Abwärtsdaumen für alle bekannten Religionen. Johann kam denn auch prompt in die Schlagzeilen, und zwar nicht das erste – und keineswegs das letzte – Mal. Aber er fühlte sich offenbar ganz wohl, wenn ordentlich was abging. Oft half er kräftig nach. So sprengte er als Professor an der Uni von Jena die Studentenverbindungen – bei denen es allerdings nur noch darum ging, wer am besten fechten, am meisten saufen und am lautesten singen konnte – und trat der Kirche auf die Hühneraugen, indem er *sonntags* Vorlesungen hielt.

Aber das reichte ihm nicht. Am Ende ersetzte er Gott durch eine *moralische Weltordnung*. Diese moralische Weltordnung war für ihn sowohl die Voraussetzung, um zur Erkenntnis zu gelangen, als auch die einzig sinnvolle Art, sich durch die Wirklichkeit zu schlagen. Und weil sie das moralisch Gute bewirkt, hielt er sie selbst für göttlich. Das hieß im Klartext, dass wir Gott gar nicht mehr brauchen – was ihm als Gottlosigkeit ausgelegt wurde und seinen Zeitgenossen in den falschen Hals geriet.

Am Sonntag zu arbeiten, für Revolutionen zu werben, Studenten zu maßregeln, ja, selbst über die Religionen herzufallen, war schlimm genug. Aber Gott als überflüssig zu erklären? Das ging entschieden zu weit. Dieser Tropfen brachte das Fass zum Überlaufen. Johann Gottlieb wurde in Jena gefeuert.

Doch er ließ sich nicht unterkriegen. Als Erster räumte er auf mit dem Gefasel von transzendentalen – oder, boshafter gesagt, verblasenen – Kinkerlitzchen, mit denen die denksportliche Abteilung für Erkenntnis und Sein so großzügig um sich warf. Er setzte Erfahrung schlicht und einfach aus *Ding* und *Intelligenz* zusammen: Es gibt nur das, worauf sich die Erkenntnis richtet – zum Beispiel was Weißes mit bräunlicher Haut und rötlichem Inhalt –, und das, was erkennt, nämlich dass wir es bei unserem Beispiel mit einem Hamburger zu tun haben. Eins von beiden ist der Grund aller Erfahrung. Für Fichte war es die Intelligenz, etwas rein Geistiges also. Unser Bewusstsein bestimmt die Welt und nicht umgekehrt. Dieser Standpunkt ist das Fundament für den *Idealismus*. Die Deutschen waren darin ganz groß und wir werden im folgenden Kapitel noch mehr davon hören. Also, ich weiß nicht. Für mich bleibt ein Hamburger so oder so ein Hamburger. Und den esse ich jetzt gleich auf.

8

Gefühl und Leidenschaft: Nun wird's romantisch

Mit der Romantik stieg die letzte gesamteuropäische Kultur-
party. Ein letztes Mal liefen die Leute scharenweise hinter
einem Denktrend her und fanden ihn absolut irre. Der Trip
begann Ende des achtzehnten Jahrhunderts in Deutschland
und franste Mitte des neunzehnten Jahrhunderts allmählich
aus, nachdem das Fieber ganz Europa und sogar die USA gepackt hatte. Kein Mensch konnte mit der strengen, rationalen
Logik der »Aufklärer« mehr was anfangen und auch von der
glatt polierten, ach so idealen klassizistischen Kunst hatte
man die Nase voll. Jetzt musste endlich wieder was abgehen,
was Echtes, mit viel Gefühl und Phantasie. Leidenschaftliche
Ergüsse in überwältigenden Worten hatten Hochkonjunktur –
und vor allem hieß es ICH, ICH, ICH.

Nicht dass es den Denksportlern was ausgemacht hätte,
sich mit Kants freiem Willen zu befassen oder mit der Theorie,
dass die Wirklichkeit bei genauem Hinsehen was
rein Geistiges und die Natur ein Spiegel der
menschlichen Seele ist. Nein, das war ganz
okay. Einzige Bedingung: mit Power, bitte.
Leidenschaft und vor allem KUNST mussten
mit von der Partie sein. Denn Kunst – und nur die
Kunst – bringt uns dem Unaussprechlichen näher.
Und da wollen wir ja wohl alle hin, oder nicht?
Entsprechend verlagerte die Szene den Schwerpunkt: Kom-

ponisten wie Beethoven lösten die barocken Hitproduzenten Bach und Händel ab, die hauptsächlich Gott zu Ehren komponiert hatten. Glutäugige Jünglinge wie Tieck und Novalis reimten vor sich hin und tapfere Frauen wie Karoline Schlegel probten den Ausbruch. Egal, ob liebestolle, frustgerollte Laubenpoesie oder kulturell etablierte und wortgewaltige Naturschilderungen – es war alles eins, denn es ging *immer* um das *ganze* Leben. So was wie Skat oder Spazierstöcke sammeln hätte vermutlich verständnisloses Stirnrunzeln ausgelöst.

In der Abteilung »Was denken wir denn heute?« hinterließ vor allem *einer* bleibenden Eindruck. Er hieß **Friedrich Wilhelm Joseph Schelling** (1775 – 1854) und war der – letzte – Ehemann von Karoline (siehe oben). Mit Kant und vor allem Fichte im geistigen Gepäck hielt er das *Bewusstsein* für den Knackpunkt im vielstimmigen Gerangel um die Frage: Ideen oder Erfahrung? Er fand, dass alles, was aus der Welt außerhalb unserer Köpfe auf uns zukommt – und das ist nicht wenig, stimmt's? – bloß den Kanal verstopft, durch den unsere Gedanken und Gefühle *sich ihrer selbst bewusst* werden. Tut mir Leid, das sind *seine* Worte, nicht meine. Logo müssen wir dort ansetzen. Wie das? Durch die Kunst! Nur die Kunst, so behauptete er, erlaubt dem Geist, sich *seiner selbst* voll bewusst zu werden. Das ganze philosophische Wohin-und-woher muss deshalb darauf abzielen, uns zur Kunst hinzuführen. Der Himmel steh uns bei! Eine Welt voller verkannter Genies? Hatte er nicht noch ein anderes Kaninchen im Ärmel?

Doch! Er sah sowohl in der Natur wie auch in uns Menschen eine Art »Weltgeist« werkeln (siehe auch Hegel). Und wenn das so ist, meinte er, kann man sagen, dass Natur und Geist eins sind. Allerdings erst *im Absoluten*. Damit hat er sich im Vergleich zu Fichte gesteigert: Er war ein Absoluter Idealist. Bis dahin – ich meine zum Absoluten – ist der Weg bekanntlich weit. Zum Glück hat er uns ein paar Wegweiser hingepflanzt.

Das ganze Universum, von uns Menschen bis zum klitzekleinsten Fitzchen, ist ein einziges großes Ganzes. Alles, buchstäblich ALLES gehört dazu. Und wohin du auch blickst, geht was ab. Da herrscht ein Gewusel wie in New York zur Stoßzeit: Das ist der Weltgeist in Aktion. Der strebt nach Umsetzung – nicht Umsatz, wie man das heute viel lieber sieht – seines Potenzials, ob als Baum oder Blume, Fels oder Sandburg. Deren Geist ist genau derselbe wie unserer – mit dem kleinen Unterschied, dass das Bewusstsein bei den vier zuletzt genannten Beispielen im Vergleich zum vollreifen menschlichen Exemplar etwas unterentwickelt ist. Soll das heißen, dass Felsen nicht so gut denken können wie wir – aber nur, weil sie sich zu wenig Mühe geben? Der Gedanke ist zwar leicht schräg, aber er passt zu diesem Konzept des Pantheismus: Gott ist alles, alles ist Gott.

Georg Wilhelm Friedrich Hegel (1770 – 1831) wurde in Stuttgart geboren und studierte in Tübingen mit Schelling und ein paar Gleichgesinnten, als die Romantik voll in Fahrt kam. Unseren Georg machte der ausufernde Denkmix total nervös und er fand ein bisschen mehr Ordnung dringend nötig. Deshalb funktionierte er als eine Art romantischer Trichter: Er fing alle Ideen auf und ließ sie »verarbeitet« und »gereinigt« wieder ablaufen.

Viel zu verarbeiten ließ er allerdings nicht übrig, denn er zerriss die meisten seiner Vordenker schon in der Luft. Alles in allem, fand er, verdienten sie nichts anderes. Da hatten sie sich doch geschlossen die Köpfe eingerannt, um die Welt mit philosophischen Erklärungen voll zu stopfen, die nicht nur dann hinhauten, wenn jemand drüber stolperte, sondern die gleich *ewig* gültig waren.

Wo doch sonnenklar ist, dass der Mensch nicht mal zwei Tage lang dasselbe denkt. Gestern gelbe Strümpfe, heute gar keine. Gestern Kuschelrock, heute Techno. Da soll sich wer festlegen. Schließlich sehen wir die Zielpfosten ja auch von jeder Stelle der Rennbahn aus immer wieder anders. Und das sollte mit der Welt anders sein? Nein! Was an einem Tag richtig ist, kann am nächsten aus Milliarden Gründen echt anders aussehen. Wobei mir einfällt: Wenn der Typ mit seiner Ansicht richtig lag, kann ich eigentlich den Versuch, das hier zu Ende zu schreiben, gleich abhaken und Tierbändiger werden. Vielleicht Hunde abrichten? Die bellen wenigstens alle ungefähr gleich und widersprechen sich nicht dauernd.

Grrrhhh ... Ich mach trotzdem weiter ...

Gehen wir von was Einfachem aus: Was ist »richtig«, was ist »falsch«? Vor zighundert Jahren galt es unter Feinden als durchaus »vernünftig«, einander die Köpfe einzuschlagen, zu vergewaltigen, zu vertreiben und zu verschleppen. Es war sozusagen die Standardlösung. Heute gilt das allgemein als überholt. Das heißt nicht, dass wir damit aufgehört haben – leider. Aber wer gerade nicht daran beteiligt ist, findet es falsch. Was ist also »richtig«? Gestern dies, heute das? Du siehst, die Frage ist echt nicht einfach zu beantworten. Ein anderes Beispiel: Vor gut zweihundert Jahren krähte kein Hahn danach, dass mit Schwarzen wie mit Zucker oder Baumwolle gehandelt wurde. Diese Gleichgültigkeit können wir uns heute fast nicht mehr vorstellen. Dafür sind uns andere Dinge egal. Etwa dass wir Tiere »benutzen«. Oder noch mal was anderes: Bis vor knapp hundert Jahren schien es richtig, dass ein Mensch, der einen anderen um die Ecke gebracht hatte, dafür aufgeknüpft wurde. Also ganz im Stil von Aug um Auge, Zahn um Zahn dafür bezahlte. Heute sind wir – zumindest die meisten, nehm ich mal an! – gegen eine solche Art Buchhaltung. Dieser Wankelmut konnte unserem im Denken und Beobachten durchtrainierten Georg Wilhelm Friedrich nicht entgehen. Er schloss daraus, dass unser Urteil sich je nach Lebenslage und Denkgewohnheit ändert wie das Wetter im April.

Die griechischen Denker Sokrates, Platon und Co. hatten sich in erster Linie für uns Menschen interessiert und mit dem Universum nicht viel am Hut – vorausgesetzt es kam ihnen nicht unmittelbar in die Quere. Ihre – oft aberwitzigen – Theorien über das Universum brüteten besagte griechische Stardenker so nebenbei aus, während sie unsere lange Leidensgeschichte aufzudröseln versuchten. Hegel hatte dafür Verständnis – für das Aberwitzige, meine ich. Er sagte, zu welchen Schlüssen sie auch kamen, in Bezug auf ihren Wissensstand und die Epoche, in der sie lebten, lagen sie goldrichtig. Wir sind nun mal »Kinder unserer Zeit«. Dasselbe gilt, laut Hegel, für alle, die nach ihnen kamen, Bacon I und Bacon II, Tommy oder Nikolaus und wie die Knaben alle sonst noch hießen.

Klingt logisch, nicht? Als Kant lebte, war natürlich viel mehr über die Welt und das Universum bekannt als zur Zeit, sagen wir, von Ölhändler Thales. Kant *muss* also, alles in allem, *mehr* Recht gehabt haben. Einfach weil er mehr *wusste*. Und ich wage hier und jetzt die Prognose, dass es im Jahr 3000 – falls es uns dann noch gibt – wieder Leute gibt, die »mehr Recht haben« als Kant. Oder hat uns die Informationsflut bis dahin so unter sich begraben, dass wir *gar* nicht mehr zum Denken kommen?

Zurück zu unserem Superidealisten: Hegel sah Gott als den

absoluten Geist und die wirkliche Welt mit ihrer gesamten Entwicklung von der Amöbe bis zum Menschen – und über ihn hinaus – als »Selbstentwicklung« dieses absoluten Geistes. Den menschlichen Geist hielt er für eine Art Abziehbildchen dieses göttlichen Weltgeistes. Also, darauf bin ich richtig stolz. Unser besonderes Kennzeichen ist, dass wir Menschen uns unserer selbst bewusst sind. So ähnlich wie bei Schelling, nicht wahr? Und mit den gleichen »idealistischen« Worten ausgedrückt. Aber die beiden haben schließlich zusammen die Schulbank gedrückt. Doch fahren wir fort. Als Kinder sind wir, oder vielmehr unser Geist, noch etwas unterentwickelt. Aber nur Geduld. Es wird schon werden. Schließlich muss sich ja auch der Weltgeist entwickeln, da gibt's nichts. Hegel sagt auch gleich, wie's am besten läuft: Dialektik in Form von Widerspruch und dessen Aufhebung in drei Schritten. Wau! Als Erstes aalen wir uns in kindlicher Unschuld und wissen von gar nichts. Dann wachen wir auf – und kennen uns nicht mehr. Nicht nur weil wir uns die Haare gefärbt haben und lange statt kurze Hosen tragen. Sondern weil wir *wissen,* dass wir uns anschauen und zugleich die Angeschauten sind. Schon eins davon kann ja unangenehm sein. Zum Glück kommt dann – hoffen wir's – die dritte Stufe. Denn da versöhnen wir uns mit uns selbst.

Und wo endet das Ganze? Hegel behauptete, dass die Geschichte langsam und schubweise, einen Schritt vor und zwei retour, in Richtung Idealstaat taumelt. Dort passen alle Mitglieder der Gesellschaft so perfekt zueinander, dass alles läuft wie geölt, weil alle dasselbe wollen. Aber eben erst dort. Sonst würde ich heut Nacht bestimmt ruhiger schlafen. Hegel ging's wohl genauso.

93

Ein echt handfester Versuch, mit der Welt zu Rande zu kommen, ist der *Positivismus*. Da gilt klipp und klar nur das als gültig, was sich durch Erfahrung beweisen lässt. Zu seinen Begründern zählt der Franzose **Isidore-Auguste-Marie-Xavier Comte** (1798 – 1857), ein Typ mit Köpfchen und Temperament, der an der Pariser Ecole Polytechnique studierte. Schon 1816 – da war er gerade achtzehn – führte er eine Studentenrevolte an, die allerdings ziemlich danebenging und für ihn und seine Kumpels mit dem Rausschmiss endete. Später war er eine Zeit lang Sekretär und Mitarbeiter des damals bekannten Schreiberlings Saint-Simon. Inzwischen geht man davon aus, dass eine dicke Scheibe von Saint-Simons Starruhm wahrscheinlich dem wissenschaftlich weit fixeren Comte zustand.

Nach dem Bruch mit seinem Boss begann Auguste in eigener Regie zu denken. Dabei kam er zum Schluss, dass die gesellschaftliche Entwicklung der Menschheit in drei Stufen verläuft: 1. die theologische oder fiktive, 2. die metaphysische oder abstrakte und 3. die positive der wissenschaftlichen Forschung – in der sich Europa seiner Meinung nach damals befand. Damit hatte unser Jungstar eine neue »Wissenschaft« erfunden. Er nannte sie Soziologie. Und sein *Dreistadiengesetz* gefiel ihm so gut, dass er es auch auf die Entwicklung aller anderen Wissenschaften und die geistige Entwicklung jedes einzelnen Menschen anwendete.

Im ersten, also im theologischen Stadium sind wir wie die Kinder. Wir wollen wissen, warum es regnet, und weil wir's nicht rauskriegen, erklären wir's uns mit der Existenz und dem Werkeln übernatürlicher Wesen. Im nächsten, dem metaphysischen – das sich, ehrlich gesagt, vom ersten nicht groß unterscheidet –, versuchen wir's an Stelle der göttlichen probehalber mit nichtmateriellen, abstrakten Kräften, die sozusagen in den Dingen drin sind. Aber letztlich haut das natürlich auch nicht hin. Im positiven, also im letzten Stadium geben wir es dann endgültig auf, ständig nach einem inneren Wesen zu suchen oder uns über Anfang und Ende des Universums die grauen Zellen zu verrenken. Wohin soll das auch führen, nicht wahr? Also werden wir vernünftig und machen Nägel mit Köpfen: Wir nehmen, was *da* ist, machen Tests und beobachten, was dabei rauskommt. Kapiert?

Im Gegensatz zu Descartes glaubte Comte, dass jede Wissenschaft eine eigene, vom jeweiligen Wissensstand abhängige Methode hat. Diese Erkenntnis machte ihn zum Chefdenker all derer, die für Geschichte und Experimente was übrig hatten. Dagegen ließ es die Erkenntnis-durch-Vernunft-ist-besser-als-Erfahrung-Typen total kalt. Diese versuchten weiterhin allen zu verklickern, wie die Wissenschaft aussehen *sollte,* während die Positivisten knallhart sagten, wie sie tatsächlich *ist.*

95

9

Kierkegaard, Marx und die Moral

Nach der Paukerei von Hegels superidealistischem Denkgebäude war der arme **Sören Kierkegaard** (1813 – 1855) erst mal völlig von der Rolle. Für seinen Geschmack befasste sich Hegel viel zu sehr mit dem reinen Ich. So was Abstraktes, die reine Nullachtfünfzehn-Lösung. Wo blieb denn da das persönliche Ich, das Kierkegaard-Ich sozusagen? Das war doch alles andere als nebensächlich: Kierkegaard gibt's doch nur *einmal*. Klar, mich auch, und dich und … Heute wird dieser dänische Persönlichkeitsfanatiker als der erste *Existenzialist* gehandelt, ein Begriff, der sich ab jetzt immer mehr in den Vordergrund drängt. Zu verstehen ist darunter ein Denker, der die Menschen für freie Wesen hält, die – jedes für sich – für ihre Entwicklung selbst verantwortlich sind. Also aufgepasst – das kann nämlich böse enden.

Kierkegaard war felsenfest davon überzeugt, dass wir weit mehr sind als Hegel-Kinder unserer Zeit. Wir sind einzigartig, echt nur einmal im Angebot, eine Einmal-und-nie-wieder-Variante! Vielleicht hatte Hegel zu viel in seine Bücher gelinst, statt mal einen Blick in die Studentenschar zu riskieren. Sonst wär ihm doch aufgegangen, dass die alle verschieden sind, nicht?

Unser Erstexistenzialist war richtig sauer. Er fand, dass Hegel mit seiner endlosen Leier von wegen Geschichte und so, die er der verblasenen Gefühlskiste Romantik hinterherschickte, total die falsche Richtung bediente. Als wären wir als Einzelmenschen geistig minderbemittelt und in keiner Weise für unser Leben verantwortlich. Zugleich glaubte er, dass Hegel uns Menschen an die Stelle Gottes setzen wollte. Und dabei total übersah, dass wir ja alles, was auf uns zukommt, nur nach unseren einseitigen und – seien wir offen – sehr beschränkten Erfahrungen beurteilen können. Er interpretierte Hegels idealistisches Denkgebäude ziemlich eigenwillig. Geben wir's doch endlich zu, meinte er: All unsere biodynamischen Rezepte, die wir uns ausdenken oder von jemandem einflüstern lassen und die nicht auf Erfahrung beruhen, sind keine müde Mark wert.

Wichtiger war ihm, dass wir unsere Wahlfreiheit gebrauchen. Auf der ritt Kierkegaard förmlich rum: dass wir einen freien Willen haben und uns für eine Handlung entscheiden können, ohne uns durch die Vernunft oder Fragen nach dem Warum daran hindern zu lassen. Er bestand darauf, dass wir aus persönlichen Gründen handeln – klar, auch um uns was Gutes zu tun, aber vor allem um Verantwortung zu übernehmen und unsere persönliche Wahrheit zu finden. Klingt echt stark, nicht wahr? Darf ich also bei Rot über die Straße, damit ich am Bahnhof meinen Zug noch erwische? Ein Fall von klassischem Existenzialismus: Entscheide dich selbst!

Leider wurde Kierkegaard mit zunehmendem Alter – dessen Umfang das Schicksal allerdings relativ enge Grenzen setzte – immer mürrischer und ausfallender. Laut und bissig lästerte er über Gesellschaft, Kirche und schließlich ganz Europa. Damit machte er sich, wie du dir vorstellen kannst, nicht gerade beliebt.

Wenn du nun meinst, dass unser Sören mit Religion nichts am Hut hatte, irrst du dich gewaltig. In dieser Beziehung war er im Gegenteil topradikal. Wenn wir glauben, meinte er, müssen wir zu *jedem* Opfer bereit sein, um uns selber und unserem Glauben treu zu bleiben. Er selbst glaubte – ganz im Gegensatz zu mir –, dass Gott ihn zum Schreiberling bestimmt hat, und gab als »Beweis« dafür seinen schlappen Lebenswandel auf – wieder im Gegensatz zu mir. Echt beknackt fand er also nicht die Religion, sondern die christliche Kirche und wie sie mit Gott umspringt: Erst versucht sie ihm mit Beweisen und Vernunft beizukommen und dann stellt sie Regeln auf, *wie* wir an ihn glauben sollen. Das wollte Kierkegaard einfach nicht runter. Er gab sich nicht damit zufrieden, in die Kirche zu rennen, für sein eigenes Seelenheil zu beten und sich um seine eigenen Angelegenheiten zu kümmern, sondern sagte laut und deutlich, was er vom »Glauben« der anderen hielt. Christsein war für ihn mehr als ein sonntäglicher Kniefall und ein paar Stunden Frommsein, bloß um danach weiter zu sumpfen, als wäre nichts gewesen. Kommt dir das bekannt vor? Mir auch.

Nach Hegel, das darf man wohl sagen, war die Ära der Superstars im Denken vorbei. Statt Worte waren Taten gefragt. In Cafés rumzuhängen und die ach so schlechte Welt in Grund und Boden zu diskutieren war ja schön und gut. Aber letztlich ging dabei nicht wirklich was ab. Zeit, endlich rauszukriegen, was sich dagegen *tun* ließ. Da betrat Herr Karl die Bühne und sprach den berühmten Satz: »Die Philosophen haben die Welt nur verschieden interpretiert; es kommt darauf an, sie zu verändern.«

Richtig hieß er **Karl Marx** (1818 – 1883) und er war einer der Gründer und herausragenden Figuren des modernen Sozialismus oder Kommunismus. Allerdings hatte er verschwindend wenig mit dem am Hut, was heute unter dem Begriff »Marxismus« läuft. Seine Ziele waren noch ganz redlich und hörten sich einfach super an.

Marx kam in Trier zur Welt, ging an die Uni in Bonn und Berlin und machte mit Hegels Denkakrobatik Bekanntschaft. Der einzig bleibende Eindruck, den sie bei ihm hinterließ, waren jedoch Kopfschmerzen – Aspirin war damals noch nicht im Handel – und die Überzeugung, dass die Zeit für einen Wechsel reif war. Ich glaube allerdings, dass daran nicht allein Hegel schuld war. Denn Karl geriet zusätzlich unter den Einfluss von Feuerköpfen wie Ludwig Feuerbach. Und bald ließ man ihm keine Ruhe mehr, sag ich euch. Er ging nach Paris, flog dort raus, ging nach Belgien, flog dort raus, ging nach Preußen, flog ... na ja, ihr wisst schon. Zuletzt landete er in London. Ein derart holpriges Leben erklärt vielleicht seine Meinung, dass selbst aus einer Gesellschaft, die im Moment noch ganz okay aussieht, ohne weiteres eine bessere wird, wenn man an ihrem wirtschaftlichen Fundament ein bisschen rumbosselt. Reines Wunschdenken, sag ich. Aber er ließ sich das nicht madig machen. Logo fand er, dass eine Gesellschaft, die um das Goldene Kalb Privateigentum tanzt, nur besser werden kann – sobald eine daraus wird, in der alles allen gehört. Und wie sieht's im umgekehrten Fall aus, Herr Karl?

Für Hegel mit seinem Superidealismus war die Hauptkraft, die uns – und damit die Geschichte – antreibt, der Weltgeist. Von Marx heißt es, er habe Hegel auf den Kopf gestellt. Dies, weil er behauptete, dass ausschließlich materielle Veränderungen die Geschichte beeinflussen und nicht Ideen oder Ideologien. Für Marx hing der Fortschritt zur Hauptsache vom ökonomischen Druck ab. Ich persönlich nehme mal an, auch der Rückschritt.

Der Gerechtigkeit halber muss gesagt werden, dass die Wirtschaft bis dahin nach einem sehr einfachen Muster gestrickt war. Ein Typ wurde reich, indem er andere für sich arbeiten ließ und ihnen dafür viel weniger zahlte, als er selber für ihre Produkte erhielt. »Billige« Arbeitskräfte gab es mehr als genug. Und weshalb sollte man sich die Mühe machen, teure Maschinen zu bauen oder zu kaufen, wenn fünfzig Leute dieselbe Arbeit für einen Bruchteil der Kosten hinlegten? Ich könnte schwören, dass schon die ollen Pharaonen in Ägypten nichts davon hielten, irgendwelche irre genialen Maschinen – selbst wenn es sie gegeben hätte – für ihre bescheuerten Pyramiden einzusetzen, solange sie auf buchstäblich Millionen »williger« Sklaven zurückgreifen konnten.

Bleiben wir in Ägypten: Waren besagte Pharaonen unter ihrem persönlichen, spitzen Steinhaufen begraben, übernahm in der Regel der älteste Sprössling oder so die Rolle des Obermotz, wodurch die Fronten von »Haben oder nicht haben« bis in alle Ewigkeit fortbestanden. Das ist ungerecht, schreist du? Natürlich ist es das nicht. Denn was haben Fortschritt oder der Preis von Müsliflocken mit Gerechtigkeit zu tun? Das aber war der Punkt, an dem unser Karl die Karten endlich neu mischen wollte. »Die Geschichte aller bisherigen Gesellschaften ist die Geschichte von Klassenkämpfen«, rief er, sehr zur Freude der »anderen«. Aber da flog er auch schon raus. Diesmal aus Belgien.

Abgesehen von den Handwerkern und Gewerbetreibenden, die selbständig oder in Familienbetrieben nach dem Prinzip »Alle für einen, einer für alle« arbeiteten, schwitzten die meisten Männer, Frauen und Kinder (!) damals für ein paar, sagen wir mal, wohlgenährte Industrielle, ohne je einen gerechten Lohn für ihre Schufterei zu sehen. Darüber dachte Karl viel nach. Er fand es ungerecht. Es musste eine Lösung geben. Also dachte er sich was aus.

Er sah die Welt seit Menschengedenken in zwei Klassen geteilt, zwischen denen unausgesprochen ein Zweikampf tobt: Die einen Leute hatten was, das waren die Kapitalisten. Die anderen hatten nichts oder nicht viel und mussten schuften. Das waren die Proletarier. Da nicht zu übersehen ist, dass in der Geschichte der Menschheit die einen den anderen *freiwillig* kaum jemals auch nur das Nötigste abgaben, kam Marx zu einem niederschmetternden Schluss: Eine große Klasse plagte sich bis zum Gehtnichtmehr zu Gunsten einer kleinen Minderheit ab. Für ihn ließ sich diese Ungeheuerlichkeit nur auf radikale Art ändern – mit Gewalt. Der Fachbegriff dafür lautet Revolution.

Als Karl Marx mit seinem Freund **Friedrich Engels** (1820 – 1895) 1848 das »Kommunistische Manifest« veröffentlichte, herrschte bei den Reichen und Privilegierten verständlicherweise wenig Freude. Am allerwenigsten gefiel ihnen der Aufruf an die Unterdrückten, sich mit Gewalt aus ihren Ketten zu befreien: »Proletarier aller Länder, vereinigt euch!« Der Rest ist Geschichte.

10

Darwin krempelt die Bibel um

An die zweitausend Jahre glaubten wahre Christen an den Anfang der Welt, wie ihn die Bibel beschreibt:

»Am Anfang schuf Gott Himmel und Erde. Und die Erde war wüst und leer, und es war finster auf der Tiefe. Und der Geist Gottes schwebte auf dem Wasser. Und Gott sprach: Es werde Licht! Und es ward Licht …«

Na ja. Ich geh davon aus, dass du auch schon davon gehört hast. Das alles steht in der Bibel, genauer gesagt im Alten Testament und dort im ersten Buch von Moses, das »Genesis« heißt. Weiter steht dort, wie Gott das Land vom Wasser trennte und auf dem trockenen Teil Bäume und Pflanzen platzierte. Wie er die Sonne erfand, um das Tag genannte Stück Zeit, und den Mond, um das Nacht genannte Stück Zeit zu beleuchten. Wie ihm dann plötzlich die Fische einfielen, die er in den feuchten Versenkungen verschwinden ließ, und daraufhin alles, was auf und über dem trockenen Land kreucht und fleucht – vom Baumfrosch bis zum Verkehrspolizisten. Und wie er das alles schön und gut fand. Es heißt, dass er dafür – mit Überstunden – sechs Tage brauchte, und kaum war er so weit, setzte er sich hin, brütete ein bisschen und beschloss, noch eine Superoberart zu erfinden. Irgendwem musste er ja die Verantwortung für die ganze Sache in die Schuhe schieben. Da bastelte er seinen ersten Menschen. Zufällig (?) war's ein Mann, und er nannte ihn Adam.

Irgendwo hatte er einen besonders hübschen Garten namens Eden geschaffen. Ich hab nie rausgekriegt, wo genau das war. Es kann ja wohl nicht das amerikanische Kaff namens Eden in der Nähe von Salt Lake City gewesen sein – sonst wären wir alle Mormonen – und noch weniger eins der vielen Hotels, die auch so heißen. Wie auch immer: Er schubste sein Männchen da rein und sagte zu ihm, dass er von allem essen kann, außer von diesem ganz besonderen Gewächs – dem »Baum der Erkenntnis«. Ich fand das immer etwas hinterhältig. Aber mich hat ja niemand gefragt.

Eines Nachts, als Adam tief schlief, erleichterte Gott ihn vorsichtig um eine Rippe und schuf den zweiten Menschen. Er hatte inzwischen etwas Übung und so wurde daraus eine Frau. Er nannte sie Eva. Außer Adam und Eva lungerte aber auch noch eine geschwätzige Schlange in Eden rum. Hinterhältig lispelte sie Eva ins Ohr, dass sie von allem essen darf, *auch* von diesem besonderen Baum. Klar, warum auch nicht? Da Eva nur in Ausnahmefällen Bäume aß, pflückte sie sich stattdessen einen seiner Äpfel und teilte ihn freundschaftlich mit ihrem Kumpel Adam. Da wurde Gott total sauer und hielt Adam eine Gardinenpredigt, die sich gewaschen hatte. Adam schob die Schuld auf seine Freundin – der Anfang einer lieben Gewohnheit – und sie wiederum auf die falsche Schlange, die leicht bescheuert aus der Wäsche guckte. Fazit des Abenteuers: Gott rastete völlig aus. Die Schlange musste ab sofort auf dem Bauch durch den Dreck kriechen und Staub fressen. Ich frage mich, ob sie vorher durch die Botanik hoppelte oder was? Die arme Eva bekam den ungehorsamen Adam zum Obermotz, dazu den Befehl, mit seiner Hilfe die Menschheit auf die Beine zu stellen. Doch aus Wut kommt selten was Gutes – und so nahm das Verhängnis seinen Lauf.

Einige Jährchen später wirbelte **Charles Darwin** (1809 – 1882) durch die Gemarkung. Obwohl alles andere als ein Denksportler, krempelte er diese Disziplin so total um, dass ein Buch über Philosophie ohne ihn etwa so brauchbar ist wie ein Witz ohne Pointe.

Charles stammte aus einem Ort mit dem etwas verschrobenen Namen Shrewsbury und paukte in Edinburgh und Cambridge Medizin. Seine Entdeckungen und Veröffentlichungen lösten einen Riesenrummel aus und er wurde schon zu Lebzeiten megaberühmt. Als typischer Naturwissenschaftler stufte er die Menschen, ohne lange zu fackeln, als Teil der Natur ein und betrachtete sie ansonsten als etwas nicht weiter Großartiges. Was immer er rausfand, nie kam er auf die Idee, dass Gott oder sonst was Unwissenschaftliches dabei die Finger im Spiel haben könnte. Er war der Erste, der mit dem ganzen haltlosen Geschwafel aufräumte: von wegen Rippe oder Ufo oder Zauberspruch. Mit so was musste *ihm* niemand kommen. Sein Mensch war ein Ergebnis der *Evolution*. Nicht ganz uninteressant ist, dass der olle Karl Marx das super fand. Es passte ihm für seinen Klassenkampf ganz gut in den Kram.

Klein-Charlie war eins jener nervtötenden Kinder mit schmutzigen Knien und laufender Nase, die einem Löcher in den Bauch fragen, ständig Marmeladengläser voller Käfer, Vogeleier, Kaulquappen und Schnecken mit sich rumschleppen und ihre Nase nur selten und widerwillig in ein Buch stecken. Also mit Sicherheit kein Musterschüler.

Da seine Eltern unbedingt einen Priester in der Familie haben wollten, schickten sie ihn nach Cambridge. Dort sollte er Theologie studieren, aber er fand Medizin interessanter. Also wechselte er das Fach. Kaum hatte er die Paukerei 1831 hinter sich, setzte er sich nach Nordwales ab, um nach Fossilien und anderen Steinchen zu suchen, die ihm was vom *echten* Anfang der Welt erzählen konnten. Noch im gleichen Jahr landete er einen Haupttreffer: Er durfte auf einem echt tollen Kahn mit nach Südamerika, und dort kam man damals sonst nicht so leicht hin. Auf dem Törn ging's zwar zunächst mal um die Vermessung der südamerikanischen Küste, aber die Typen fanden es cool, einen Naturwissenschaftler an Bord zu haben. Der konnte gleichzeitig ein Auge auf die Käfer werfen und was da sonst so alles rumflog und rumkroch.

Wie eine Fahrt auf der A 1 dauerte der ganze Trip schließlich zweieinhalbmal so lang wie die geplanten zwei Jahre. Und das ohne Stau oder Massentourismus. Aber im Vergleich zum Rummel, mit dem Charlies Entdeckungen in der Wissenschaft das Unterste nach oben kehrten, erscheint die Verspätung vergleichsweise läppisch. Er hatte den fünfjährigen Zwangsaufenthalt auf dem Kahn nicht mit Sonnenbaden verplempert. O nein. Er hatte eine Unmenge wuseliger Lebewesen bis ins kleinste Detail *studiert.* Es passiert – Gott sei Dank, sag ich – nicht alle Tage, dass jemand nach einer Kreuzfahrt zu Hause eintrudelt und mehr über die Entstehung des Lebens hersagen kann als irgendjemand je zuvor. Kommt noch dazu, dass mindestens die Hälfte seiner Studienobjekte draufging, weil er und seine Schicksalsgenossen ja auch noch was zwischen die Knochen brauchten, nachdem die mitgebrachten Sandwiches alle waren.

Als er wieder zu Hause aufkreuzte, war unser Insektenforscher erst siebenundzwanzig Jahre alt und hatte kein einziges Stück saubere Wäsche mehr. Immerhin dämmerte ihm bei der Ankunft bereits, wie revolutionär seine Evolutionstheorie war und wie viel Staub sie aufwirbeln würde. Er behauptete nicht mehr und nicht weniger, als dass sämtliche Pflanzen und Tiere von der Kartoffel bis zum Kamel fortlaufend aus einfacheren Lebensformen hervorgegangen sind – und das auch weiterhin tun.

Da ging vielleicht was ab! Den Wissenschaftlern schlockerten die Ohren, die Denkapostel blickten mit hochgezogenen Brauen von ihren verstaubten Schreibtischen hoch – während die Theologen versuchten diese folgenschweren Behauptungen sofort und klammheimlich unter ihren Messgewändern verschwinden zu lassen. Wenn dieser Emporkömmling Recht hatte und das beweisen konnte, war die ganze Adam-und-Eva-Leier, von Noah nicht zu reden, mehr als nur ein bisschen von vorgestern. Das schnallten die sofort. Und dasselbe galt ja wohl auch für ein großes Stück des bisherigen philosophischen Hokuspokus-Kuchens … äh … bitte die Kapitel eins bis neun vergessen!

Dabei war Charlies Evolutionstheorie gar nicht mal neu. Schon sein Urgroßvater Erasmus hatte sich so weit auf die Äste rausgewagt. Nur hatten er und einige andere es nicht geschafft, das Ganze logisch und bibelfest auf die Reihe zu kriegen – was den kirchlichen Linienrichtern, die das Treiben vom Spielfeldrand aus jahrelang immer nervöser verfolgten, bisher zugute gekommen war.

Der frisch gebackene Topstar hatte natürlich nicht gleich von Anfang an für *alles* eine Lösung auf Lager. Zwar fand er raus, dass keine zwei Pflanzen, Tiere oder Menschen ganz gleich sind und dass eine Art natürliche Auswahl stattfinden muss … aber wie? Die Antwort fand er – wie das Leben so spielt – ausgerechnet bei einem Kirchendiener. Er hieß **Thomas Malthus** (1766 – 1834) und hatte bereits das Zeitliche gesegnet, aber vorher freundlicherweise einen brauchbaren Aufsatz geschrieben. Was da drinstand, klang allerdings nicht gerade erheiternd. Er schrie zetermordio, dass wir Menschen viel zu rasch viel zu viele werden und gar nicht so viel zu essen produzieren können, wie wir brauchen. Was er aus begreiflichen Gründen nicht besonders praktisch fand. Nur zwei Dinge, meinte er, können das totale Schlamassel verhindern: Entweder wir kommen gar nicht erst zur Welt oder wir verlassen diese früher wieder. Krankheiten, Krieg, Hunger und Autofahren reichen nicht aus. Da bleibt die Bevölkerungszahl bestenfalls konstant und die Leute werden bloß immer verfressener. Wenn es nicht gelingt, sie davon zu überzeugen, im Bett öfter mal ein gutes Buch zu lesen oder in der Drogerie etwas mehr Geld auszugeben … Ja, dann wird das Ganze böse enden.

Unser Charles sah die Sache *viel* einfacher. Ich weiß nicht, ob *er* mein Lieblingsspiel kannte. Es heißt »Reise nach Jerusalem«. Da fehlt bei jeder Runde ein Stuhl, und wer nicht schnell genug ist, kann sich nicht hinsetzen und muss raus. Darwins Spruch vom »Überleben der Tüchtigsten« sieht mir ganz danach aus. Mit seiner Selektionstheorie landete er jedenfalls einen Volltreffer. Lebewesen, sagte er, vermehren sich schneller, als die Natur Nahrung für sie hervorzaubern kann. Also müssen in jeder Generation ein paar von ihnen die Fliege machen, noch *bevor* sie sich überhaupt vermehren *können*. Das fällt unter die Rubrik Evolutions-Pech und heißt wiederum, die Zähesten oder Hübschesten oder Schlausten kriegen das Essen *und* den Partner ab. Und so machen allmählich, über Tausende von Generationen hinweg, ob Languste oder Leopard, die Fittesten das Rennen, während ihre weniger tauglichen Brüder und Schwestern sich die Karotten von unten ansehen. Gleich renn ich um die Ecke zum Krafttraining, ich muss bloß noch das Kapitel zu Ende schreiben. Rasch …

Also: Die Hälse der Giraffen werden immer länger, die Schnauzen der Ameisenbären immer spitzer und die Verkehrspolizisten immer größer und größer, denn alle passen sich den Anforderungen ihrer Umgebung an. Die kurzhalsigen Giraffen, stumpfnasigen Ameisenbären und kleingewachsenen Verkehrspolizisten aber werden – mehr oder weniger sanft – durch das Evolutions-Loch nach draußen spediert.

In Verbindung mit Geduld und Spucke – zugegeben *viel* Geduld –, sagte Charles, könnte dieser Mechanismus ohne weiteres die Entwicklung vom Einzeller zum Topmodel erklären. Ob er Claudia Schiffer meinte?

Ich hab mit dieser Theorie meine Probleme und das geht vielen nicht anders. Ich frage mich nämlich, weshalb ein Wurzelschwein Wurzelschwein bleibt oder eine Qualle Qualle – es sei denn, es gibt eines Tages Menschen aus ihnen? Das würde erklären, warum manche Typen aussehen wie ihr Hund und umgekehrt. Und wenn es nicht so ist, ich meine, wenn jede Art für sich jeweils voll entwickelt ist, weshalb gibt's dann keine Austern, die Computer programmieren, oder Hasen, die Bücher schreiben. Mein Name ist Hase und ich weiß von nichts?

So oder so steht Charlies Theorie der angeborenen Unterschiede zwischen Gästen der gleichen Party – sagen wir's doch gleich richtig: uns Menschen – in scharfem Gegensatz zur freundlicheren Vorstellung, dass wir alle gleich geboren werden. Denn die Unterschiede, die er uns um die Ohren schlägt, sind *nur* mit gleichen Bildungschancen bestimmt nicht aus der Welt zu schaffen.

11

Gott wird ausgetrickst

Viele, die sich mit Hegels Idealismus abmühten, fanden seine Gedanken zu abgehoben. Einer von ihnen war der achtzehn Jahre jüngere **Arthur Schopenhauer** (1788 – 1860). Er verbiss sich regelrecht in sein Feindbild und hackte auf allem rum, was aus dessen Küche kam. Für ihn war dieser Typ, wie übrigens auch Schelling, ein »Windbeutel« und »Scharlatan« und das ließ er alle wissen – ob sie es hören wollten oder nicht. Was Hegel betraf, musste er allerdings eine Riesenschlappe einstecken: Als Arthur als Pauker an die Berliner Uni kam, saß der andere schon fest im Sattel. Um ihm das Publikum abspenstig zu machen, setzte unser Trotzkopf seine Vorlesungen zu denselben Zeiten an wie der etablierte Herr Professor – aber er hatte Pech: Nicht ein einziger Student lief zu ihm über und auf dem Campus kicherte man nicht nur hinter vorgehaltener Hand über ihn. Darauf nahm er die Beine in die Hand und probte den Abgang.

Schopenhauer war ein fürchterlicher Miesepeter. Als Nächsten nahm er sich Kant vor. Zwar ließ er gelten, dass die Welt, wie wir sie erfahren, aus Erscheinungen besteht, aber mit der Behauptung, dass wir das »Ding an sich« – also die eigentliche Wirklichkeit von irgendwas – nicht erkennen können, hatte er nichts am Hut. Er war nämlich geradezu unverschämt sicher, dass er, und nur er, entdeckt hatte, wie es *wirklich* ist. Startfeld für dieses neue Denkspiel war die Ansicht, dass der Mensch die Fähigkeit hat, zu bekommen, was er *will*. Ich nehme an, Arthur hat das durch Selbstbeobachtung rausgekriegt.

Ein Beispiel: Du willst ein Bett. Also beschaffst du dir Holz, Nägel, Schrauben und so Kram und bastelst dir eins zusammen. Okay? Wenn du dir ständig mit dem Hammer auf die Finger schlägst oder einfach keine Lust zum Schreinern hast, kannst du dir das nötige Kleingeld dafür erarbeiten und ein Bett kaufen. Keine Widerrede: Du *kannst* das – wenn du nur *willst*. Ob im Universum oder im Schlafzimmer, immer ist der Wille am Werkeln, denn sonst kommt gar nichts in die Gänge, behauptete Schopenhauer. Das »Ding an sich«, falls es denn überhaupt existiert, ist nichts anderes als Wille und das gesamte Universum ein Ergebnis eben dieses Willens – einer Art blinden Strebens. Der Wille ist weder von Zeit noch von Raum abhängig und Vernunft und Einsicht haben nichts zu bestellen. Jetzt weiß ich endlich, warum ich schon als Kind den andern immer die Förmchen weggenommen hab. Ich *wollte* sie haben. Und? Hab ich mich drüber gefreut? Ehrlich gesagt, ja. Arthur sah das allerdings anders. Er meinte, dass wir nur dann wirklich frei werden, wenn wir diesen total unvernünftigen Urwillen in uns abtöten wie den siebenköpfigen Lindwurm, denn er ist verdorben und schuld an all unserem Leid. Seufz!

Schopenhauers Geistesakrobatik ist aus mehreren Gründen was Besonderes. Einmal war er der erste europäische Denker, der mit unserem lieben Gott nicht mal mehr andeutungsweise was zu tun haben wollte. Zweitens war er der erste europäische Denker, der sich vom Buddhismus und vom Hinduismus beeinflussen ließ. Er sah überall nur Kummer und Leid, bei Mensch und Tier, und konnte gar nicht mehr aufhören davon zu reden und zu schreiben. Mit der Zeit scheint das sein einziges Vergnügen gewesen zu sein. Armer Kerl. Als Junge war er mal eine Zeit lang in einem englischen Internat. Kann gut sein, dass er deshalb stimmungsmäßig so absackte. Ich weiß, wie's da zugeht.

Er behauptete, Leben ist Leiden und mit allem, was wir neu dazulernen, vergrößert sich das Leid. Wenn ich an so Zeug wie Infinitesimalrechnung denke, muss ich sagen, da hatte er Recht. Den Tod betrachtete er vernünftigerweise als unvermeidlich, wenn auch trotzdem als unerfreulich. Uns Menschen sah er jedoch wie die Deppen durchs Leben stolpern, total sinnlosen Zielen hinterher – zum Beispiel Philosophiebücher zu schreiben. Seine Feststellung, dass wir Menschen die Seifenblase immer größer machen, obwohl wir doch genau wissen, dass sie platzt, beweist, dass er der erste professionelle *Pessimist* – und ein schlechter Seifenbläser – war. Glück und Lust definierte er – du glaubst es nicht – als Abwesenheit von Schmerz. Mein Gott, nun reicht's aber. Es muss ein unvergessliches Erlebnis gewesen sein, längere Zeit mit diesem Wonneproppen zu verbringen!

Immer weiter ging's mit ihm bergab, bis er fand, dass das ganze Unglück nur durch totale Verneinung des Lebens oder »Selbstabtötung« überwunden werden kann. Und warum setzte er seine Theorie nicht in die Praxis um und trat endgültig von der Bühne ab? Nichts da, meinte unser Oberpessimist, so einfach ist das nicht. Auch sich umzubringen ist lediglich wieder eine Form von Wollen und eine Erfüllung des Willens. Dem Willen aber sollten wir ja gerade ein Schnippchen schlagen.

Sein Weg aus dem Dilemma war ein Drei-Punkte-Programm aus philosophischer Erkenntnis, künstlerischer Betätigung und Mitgefühl. Den letzten Punkt hat ihm aber bestimmt niemand abgekauft, denn es war allgemein bekannt, dass er keinen Menschen leiden konnte als sich selbst. Frauen, allen voran seine Mutter, sowie ganz allgemein Leute, die denken konnten – und nicht so dachten wie er? –, waren ihm besonders zuwider. Zwar war er echt überzeugt, dass der kalt-schnäuzige Lebenswille, der alle Wesen beherrscht und nur Leid verursacht, einzig durch Mitgefühl gemildert werden kann. Aber das war graue Theorie und die Realität sah anders aus. Immerhin brachte unser Sauertopf weißen Pudeln – unter ihnen einem kleinen Kerl namens Atma, das heißt Weltseele – so was wie liebevolle Gefühle entgegen. Und dabei müssen wir es bewenden lassen.

John Stuart Mill (1806 – 1873) war schon als Winzling eine Art geistiger Superstar. Bereits mit drei lernte er Latein und Griechisch und stopfte seinen Kopf danach laufend weiter mit hochgeistiger Kraftnahrung voll – bis ihn mit zwanzig ein totaler Nervenzusammenbruch fürs Erste stilllegte. Nachdem sein Hirn sich auf diese Art eine Zwangspause ertrotzt hatte, begann er sich 1830, frisch und erholt, von neuem mit kniffligen Themen zu beschäftigen – und zu schreiben.

Er verkündete nach mittlerweile bekannter englischer Art, dass wir uns die Welt aus unseren Erfahrungen zusammenbauen und dass das alles ist, was wir wissen können. Doch gibt's, zum Glück, bestimmte Muster, nach denen wir jeweils klüger werden. Und, so schloss er munter, wir haben keinen Grund anzunehmen, dass die sich nicht immer gleich bleiben.

Als ein einfaches Beispiel, direkt aus dem Leben gegriffen, fällt mir dazu das Folgende ein: Mein Hintern tut weh, aha, ich hab mich unfreiwillig hingesetzt, klar, da lag doch eine Bananenschale. So was nennt man *Assoziationsketten* und auf diesem Gebiet war Mill echt gut. Zu »Bananenschale« fällt uns nach mehreren ähnlichen Erlebnissen dann automatisch ein: Achtung Rutschgefahr! – du fällst auf den Hintern – das gibt blaue Flecken. Die Folge: Wir machen einen Bogen um das glitschige gelbe Ding.

Das *Kausalgesetz* – also das Gesetz von Ursache und Wirkung – behauptete Mill, ist allumfassend und allgemein gültig. Das heißt, wenn du was tust, kannst du oft voraussagen, was darauf folgt. So schüttelst du wahrscheinlich nur einmal im Leben eine Cola-Flasche und machst sie dann gleich auf … Aber was *bewirkt* unsere Erfahrungen und Vorstellungen? Gibt's irgendwo irgendwas, das für unsere Vorstellungen verantwortlich ist?

Mill meinte, wenn wir sehen, was so alles abgeht, und immer wieder in die gleichen peinlichen Situationen geraten, kommt uns irgendwann der Verdacht, dass es so was wie ein Fass geben muss, dessen Inhalt unveränderlich ist und das nie leer wird. Die äußerliche Welt ist dann nichts weiter als die Wahrscheinlichkeit, dass die Dinge auf ewig und einen Tag wie gehabt weiterlaufen. Also muss außerhalb unserer Erfahrungen und Eindrücke ein Universum existieren, das bis zur klitzekleinsten *alle* Vorstellungen in uns verursacht. Wenn wir auf Nummer sicher gehen wollen, sollten wir uns aber, laut Mill, doch nur auf das *verlassen,* was wir echt durchgemacht haben. Und nicht mal darauf allzu lange, denn die allgemeinen Regeln, die wir aus unseren Erfahrungen stricken, halten nicht ewig. Schon morgen haut uns vielleicht jemand ganz andere Eckdaten um die Ohren – und wir entdecken, dass alles ganz anders ist.

Immerhin können wir uns auf die regelmäßigen Erfahrungen, die wir selbst machen, bis zu einem gewissen Grad verlassen. Auf den Tag folgt ja wohl die Nacht und umgekehrt, nicht? Und da du und ich und alle anderen ein Teil der Welt und des Universums sind, funktionieren wir nach ähnlichen Regeln. Bloß dass bei uns jeweils ein ganzer Wust von Faktoren mitspielt. Deshalb ist eine einigermaßen genaue Wettervorhersage im Vergleich zu einer Vorhersage über einen Menschen geradezu ein Kinderspiel. Wenn du behauptest, dass aus einem Entenküken eines Tages eine normal quakende Durchschnittsente wird, kannst du praktisch nicht falsch liegen. Wir Menschen aber sind – wie schmeichelhaft – viel höher entwickelte Wesen, und was wir tun und lassen, ist nicht weniger undurchschaubar als das Innenleben eines Superrechners. Fazit: Über nichts lässt sich so schwer was Allgemeingültiges sagen wie über uns Menschen.

So können Wissenschaftler mit allerhand Kopfrechnen und Tests zukünftige Naturereignisse – etwa eine totale Sonnenfinsternis oder Blumenkohlwolken über den Alpen – oft ziemlich sicher vorhersagen. Aber versuch mal auch nur annähernd zu erraten, ob aus einem Winzling, der gerade seiner Mutter aus dem Bauch entwischt ist, ein Popstar, eine Vertreterin für Alarmanlagen oder ein Hühnerzüchter wird. Kannst du nicht – nicht mal mit Kristallkugel und Tarotkarten. Mill glaubte aber, dass wir all diese Rätsel lösen können – sobald wir die nötigen Puzzleteilchen rauskriegen. Na und, sagst du. Was bringt uns das? Mill fand, dass wir den ganzen Kram, über den wir uns gerade unterhalten haben – besonders die Sache mit den Wiederholungen und der allgemeinen Gültigkeit –, zur Lösung politischer und sozialer Probleme verwenden sollten. Ein praktischer Mensch, nicht wahr?

Im Gegensatz zu Schopenhauer war Mill kein Trauerkloß. Bei ihm gab's öfter was zu lachen, und wenn jüngere Kollegen wie Bertrand Russell seine gedanklichen Kartenhäuser lächerlich fanden – waren sie selbst schuld. Oder was meint ihr? Hier ein Beispiel:

Laut Mill ist Lustgewinn alles, was wir uns wünschen. Also ist Lustgewinn das einzig Wünschenswerte. Denn: Die einzigen sichtbaren Dinge sind die, die wir sehen, die einzigen hörbaren Dinge sind die, die wir hören. Also sind die einzigen wünschenswerten Dinge, die Dinge, die wir uns wünschen. So weit kapiert? Sicher nicht!, rief Bertrand empört. Mill hat den kleinen Unterschied nicht geschnallt: Ein Ding ist sichtbar, wenn wir es sehen *können,* aber nur dann wünschenswert, wenn wir es wünschen *sollen* (nämlich weil's zum Beispiel was moralisch Gutes ist). Mill, so Bertie, kann uns vielleicht sagen, was wir tatsächlich wünschen, aber er hält besser die Klappe, wenn's um das Andere geht. Das ist viel zu *subjektiv*!

Herbert Spencer (1820 – 1903) schlug sich klammheimlich schon mit Evolution und Bevölkerungstheorien herum, bevor Darwin mit seinem Sums über die Entstehung der Arten die Bibel auf den Kopf stellte. Aber er konnte den Hals nicht voll kriegen. Stell dir vor, er wollte *alles* zusammenfassen, was man bis dahin wusste!

Zuerst schrieb er über verschiedene Dinge, von der Entwicklung des Geistes bis zur Entwicklung des Uhrwerks. Und als er sein Geschreibsel noch mal durchlas, fand er Entwicklung – also Evolution – als allgemeines Prinzip so supermegasensationell, dass er gleich eine irrelange Serie produzieren wollte. Folge 1: »Evolution und Moral«, Folge 2: »Evolution und Astronomie« und so weiter bis zur »Evolution des Weltganzen«. Toll, was? Im Gegensatz zum Erbsenzähler Darwin beschränkte er sich jedoch nicht auf die Fakten, sondern verstieg sich im geistigen Nebel, bis er selbst nicht mehr ganz klar sah. Dort oben brachte er dann komischerweise genau das irgendwie durcheinander, was Darwin rüberzubringen versuchte.

Er fing ähnlich an wie Mill und sagte, wir können nur die Erscheinungen verstehen, die uns gezeigt werden, und sonst gar nichts. Was die Erscheinungen, die wir beobachten, *verursacht,* entzieht sich unserer Kenntnis. Sie kommen von einem absoluten Wesen. Das hält uns allerdings nicht davon ab, über dieses absolute Wesen zu rätseln. Klar, wo wir schließlich wissen, dass es an allem schuld ist: an unseren Gedanken und jedem einzelnen Dingsbums im Universum. Das Rätselraten nützt uns aber nichts. Was immer uns dazu einfällt, es ist der kindische, weil witzlose Versuch zu verstehen, was man nicht verstehen kann.

Wir können nämlich nur das verstehen, was das absolute Wesen uns verstehen *lässt*. Absolut einleuchtend, nicht? Und was es uns zu enthüllen beliebt, gehorcht *immer* den Gesetzen der Evolution. Spencer beschrieb lang und breit, wie sich unzählige Atomgruppen organisieren und anpassen, um die unterschiedlichen Lebensformen zu bilden, und verbreitete sich gleichzeitig über eine Welt außerhalb unseres Bewusstseins, die unsere Eindrücke hervorruft – das Unfassbare oder Absolute. Also was denn nun? Das eine, das andere oder beides?

Obwohl seine Werke damals einigen Rummel auslösten, hielten sie sich nicht lange in den Regalen. Wahrscheinlich hatte er einfach *zu viel* in seine »synthetische Philosophie« reingepackt und dabei jeden Anflug von Humor verloren – wenn er denn je welchen hatte.

Szenenwechsel zu einem deutschen Senkrechtstarter mit traurigem Ende: Pfarrerssohn **Friedrich Nietzsche** (1844 – 1900) ließ schon im Kindergarten alle im Regen stehen und war mit vierundzwanzig Prof der klassischen Philologie an der Uni Basel. Mit seinen super formulierten philosophischen Rundumschlägen handelte er sich an allen möglichen Fronten Zoff ein. Die einen sahen in ihm einen Wegbereiter von Sigmund Freud, die andern den unverschämtesten Gegner des Liberalismus und der Aufklärung, die für Würde und Freiheit jedes einzelnen Menschen eintraten.

Nietzsche fand nämlich den Gedanken, dass alle Menschen gleich geboren werden, geradezu aberwitzig und die Demokratie hielt er für totalen Schwachsinn. Wo man doch, meinte er, an allen Ecken und Enden über den Willen zur Macht in den Menschen stolpert. Logisch ist daher, dass dem Stärkeren der Sieg über das Schwächere gehört. Ziemlich radikal, nicht? Aber du musst zugeben, für einmal hat da einer klar und ohne Kauderwelsch gesagt, was Sache ist. Dafür liegt sie mir schwer im Magen.

Die Starken sollen also herrschen, die Schwachen beherrscht werden. So einfach ist das. Zum Teufel mit der Gleichmacherei. Egal ob Sozialismus, Feminismus oder Demokratie, Fritz schlug mit seinem verbalen Hammer darauf ein, dass es krachte, denn er witterte dahinter eine Entartung der Menschen zu Herdentieren – seine Worte, nicht meine. Die christliche »Sklavenmoral« fand er widernatürlich. Mitgefühl macht aus Starken und Schwachen einen faden, dumpfen Einheitsbrei ohne echte Höhen und Tiefen. »Gott ist tot«, das Christentum korrupt und der Wille des Übermenschen regiert die Welt. Kurz: Nietzsche war total *gegen* alles, was zu seiner Zeit als cool galt. Man nennt so was »Umwertung aller Werte«.

So hackte er auch auf Marx und seinen kommunistischen Idealen rum und fand die Idee einer Gesellschaft, in der alle die Früchte ihrer Arbeit genießen, total bekloppt. Die Starken sollen sich schnappen, was sie können, und die andern froh sein über das, was sie kriegen. Einzig Darwins Theorie vom Überleben der Tüchtigsten passte ihm natürlich in den Kram.

Dabei war er echt gefühlvoll. Er schrieb abgehobene Gedichte, konnte stundenlang ein Klavier durchkneten und es soll sich nicht mal übel angehört haben. Auch schwärmte er durchaus von anderen Idealen, dem Künstler oder dem Menschen, der seine Leidenschaften zügelt und sich darüber erhebt. Ein Mann der Extreme! Vielleicht war er darum ständig krank. So was hält ja kein Pferd aus. Das muss er sich auch gedacht haben. 1889 sah er in Turin, wie so ein armes Tier halb totgeprügelt wurde. Es gab dem Rastlosen den Rest und brachte ihn schließlich um den Verstand. Friedrich Nietzsche starb 1900 in totaler geistiger Umnachtung. Er ist bis heute im Gespräch, weil er den Willen über alles stellte – und weil er das, was wir »Wahrheit« und »Tatsachen« nennen, bis zur Verzweiflung in Frage stellte.

Es wird Zeit, uns wieder mal einen Vertreter aus dem Land der feinen Küche vorzuknöpfen. Der Franzose **Henri Bergson** (1859 – 1941) war überzeugter Idealist und bringt damit wieder etwas Abwechslung in die Rangliste: Für ihn hieß es 1. Geist und 2. Materie. Bei den Empirikern war es bekanntlich umgekehrt. Henri bekam Bauchgrimmen, wenn er an den Einfluss der Naturwissenschaft auf das moderne Denken dachte. Darwins Evolutionstheorie fand er zwar ganz okay, aber die schlappe Erklärung mit der natürlichen Auslese war ihm zu langweilig. Da musste ein Einspritzmotor her, eine Schaffenskraft oder gute Fee, die das Ganze in Schwung brachte. Er nannte diese Kraftnahrung des Lebens *Elan vital.* Davon könnte ich jetzt echt einen tüchtigen Schluck gebrauchen.

Henri meinte, wer rein wissenschaftlich und materialistisch zu erklären versucht, warum zum Beispiel so viele verschiedene Vögel am Himmel rumkurven, ist mit einem Kahn ohne Ruder, Segel und Motor auf dem Amazonas der Erkenntnis unterwegs – aufwärts, versteht sich. Um echt durchzublicken – bei den Vögeln und all dem andern Kram im Universum – musst du dir erst mal nasse Füße holen. Also rein ins Wasser, aber mit *Intuition,* das heißt Fingerspitzengefühl. Dann lassen dich die Piranhas bestimmt in Ruhe.

Laut Bergson wabert das Universum dauernd rum, mal hierhin, mal dorthin, und rinnt in alle Ritzen. Schlimmer als der süße Brei in Grimms Märchen, und keiner brüllt: »Töpfchen, steh!« Die meisten Leute nehmen irgendwelche Teile davon auseinander und hoffen so rauszufinden, wie das *Ganze* aussieht. Alles Quatsch. Oder weißt du etwa, wie der Typ im nächsten Bahnabteil aussieht, wenn nur ein Fingernagel über die Lehne rausguckt?

Wenn wir das Zimmer, ich meine, den wissenschaftlichen Wirrwarr zu exakt in Ordnung bringen, macht der spirituelle Elan schlapp. Das sagte Henri. Eltern sind meist anderer Meinung, nicht? Ich bin natürlich für Henri. Der meinte auch noch, dass wir endlich aufhören sollen unsere Nase in die Materie zu stecken. Das – und zu viel Ordnung – macht nämlich nicht frei, sondern wir sehen bloß vor lauter Bäumen den Wald nicht mehr. Dabei ist das Gesamtbild viel wichtiger. Leider hat sich seine Theorie nicht gehalten, vor allem seine spirituell begründete Evolutionsversion nicht. Neue Entdeckungen der von ihm in die Pfanne gehauenen exakten Wissenschaften lehren uns heute was anderes. Es lebe das kreative Chaos!

Nun geht's für den Rest des Kapitels über den großen Teich. Der wohl wichtigste amerikanische Philosoph der Jahrhundertwende war **William James** (1842 – 1910). Er machte kurzen Prozess mit dem Gewäsch über erste Dinge, Prinzipien und Ordnung im Leben und behauptete, wichtig sei das Resultat. Wir müssen nur sämtliche Lösungswege ausprobieren – und schwupps, schon wissen wir, ob sich so ein Prinzip lohnt oder nicht. Wenn nicht, dann fort damit. Praktisch, nicht? Für ihn zählte der »Barwert« einer Vorstellung. Eine wissenschaftliche Theorie musste praktisch sein und Profit bringen, sonst war sie nichts wert. Klar. Von so was wie einer allumfassenden Antwort auf die Frage nach dem Wesen der Dinge können wir uns ja nun wirklich nichts kaufen. Weil ihm nützliches Handeln und Denken so wichtig waren, gehört unser Willie zu den *Pragmatikern*.

Auch in religiösen oder moralischen Fragen dachte er praktisch und ließ uns ein paar Schlupflöcher im Regeldickicht offen. Bei einer echt wichtigen Sache, die wir mit dem Kopf allein nicht entscheiden können, dürfen wir ruhig unsern Bauch fragen, was er für richtig hält, meinte William. Ich fange mit Beispielen gar nicht erst an. Eine Idee fand er dann eine gute Idee, wenn sie sich im Alltag bewährt. Und dies galt auch für alles andere. Viele der bisher aufgetretenen Stars dürften das für eine etwas armselige denksportliche Leistung halten – und erfolgreiche Panzerknacker für die beste Rechtfertigung ihres Berufs.

Das Nützlichkeitsdenken passte auch **John Dewey** (1859 – 1952) in den Kram, einem weiteren Amerikaner, der es zum Obermotz der Pragmatiker brachte. Wie James sah er das Universum und damit auch das, was wir so alles erfahren auf der Welt, als eine höchst schillernde Sache, die sich dauernd verändert und entwickelt. Wenn du dir etwa überlegst, wie dein Opa sich in deinem Alter eine Datenautobahn vorgestellt hätte, ist das einleuchtend, nicht? Dieser zweite Fan des Nützlichen und Konkreten fand es viel zu anstrengend – und überflüssig –, sich den Kopf über die Anfänge des Universums zu zerbrechen. Bestimmt hielt er auch nichts von stundenlangem Starren in die sternenübersäte Schwärze des Nachthimmels – ach, Eric.

Sehen wir den Tatsachen doch mal in die Knopfaugen, meinte er. Ob es da draußen eine Mauer oder – Gott steh uns bei! – ein kosmisches Disney World gibt, ist doch Jacke wie

Hose. Was zählt oder zählen soll, sind unsere Taten und Erfahrungen, wie sie zu Stande kommen, sich ändern und aufeinander wirken. Das ist doch die Realität. Um das Universum zu verstehen, musst du bloß die Menschen studieren, denn in den Menschen kommt das ganze Universum zum Selbst-Bewusstsein. Das erinnert mich verteufelt an das Beispiel mit dem Fingernagel, der im nächsten Bahnabteil über die Lehne rausguckt – nur umgekehrt; siehe weiter oben unter Henri Bergson.

Immerhin wollte Dewey, dass auch du und ich von seinen Ideen was haben. Er wusste, wie schwierig das Leben manchmal ist, und fand es total wichtig, den Kindern in der Schule beizubringen, wie man *echte* – das hieß bei ihm konkrete – Probleme löst. Zum Beispiel: Wie krieg ich endlich eine Eins in Mathe? Quatsch. Als überzeugter Anhänger der Demokratie meinte er, dass du GROSS rauskommst, wenn du ein anständiges Mitglied der Gesellschaft wirst und deine Erfahrungen mit den anderen teilst – ich nehme an, nur die guten. Dann kriegst du von dem, was du großzügig an andere abgibst, genug zurück, um ein eigenständiger Mensch zu werden – und am Ende geht's allen gut. Wenn das nicht klingt wie eine staatlich verordnete Glücksversicherung. Aber mal ehrlich: Das Einzige, was für John und seine Fans definitiv zählte, war die Achtung der Menschenwürde. Ich hoffe, er ist nie enttäuscht worden.

12

Das Leben – ein Traum?

Sigmund Freud (1856 – 1939), der österreichische Seelenklempner und Erfinder der Psychoanalyse, ist einer der berühmtesten und umstrittensten Denksportler, seit der kreisselige Thales damals im alten Griechenland den Stein der Weisen ins Rollen brachte. Er hatte dermaßen was auf der Festplatte, dass die Uni Wien speziell für ihn einen neuen Lehrstuhl zimmern ließ. Dabei war er eigentlich gar kein richtiger Philosoph, sondern Arzt. Er konzentrierte sich voll auf die menschlichen Hirnwindungen und wollte unbedingt rauskriegen, wie das, was wir jetzt gerade tun oder vor zig Jahren getan haben, mit dem zusammenhängt, was uns irgendwann oder übermorgen zu tun einfällt.

Zuerst probierte er, die Leichen im seelischen Keller seiner Opfer mit den damals gängigen Methoden Hypnose oder Suggestion aufzuspüren. Später bohrte er mit der von ihm eigens entwickelten Psychoanalyse nach. Dabei mussten die Ärmsten noch mal die ganze Hölle ihrer Kindheit erleben: Wie der Teddy in den Müll flog, alle andern mit Barbie-Puppen spielen durften, das Badewasser immer zu kalt war – und viel, viel Schlimmeres. Der Knackpunkt war, laut Sigmund, nichts davon zu »verdrängen«, also die Leichen gar nicht erst da unten zu stapeln, sondern ihnen so bald und so mutig wie möglich ins Gesicht zu blicken. Was nicht immer einfach ist.

Es gibt aber noch viel mehr Schrecken im Leben. Wir werden von Anfang an *ständig* hin und her gerissen. Je mehr uns Eltern, Lehrerinnen und rechtschaffene Nachbarn in die eine Richtung drängen, desto mehr wollen wir in die andere. Beispiele gewünscht? Nicht? Ich *wusste,* dass ihr mich versteht!

Zu alledem kommt, dass bei dem, was wir tun, ganz und gar nicht immer die Vernunft am Steuer sitzt – wie die Rationalisten uns weismachen wollen. Wir folgen viel eher der Natur und ihren Gesetzen. Dieser Meinung war nicht nur Freud, sondern ein ganzes Heer von Leuten am Ende des neunzehnten Jahrhunderts.

Vieles, was wir denken, tun und träumen, hat mit Logik nichts zu tun. Aber das soll uns nicht zu sehr jucken, meinte Freud, denn der Kram, der uns oft unkontrolliert durchs Hirn schießt, ist die Spitze eines Eisbergs von absolut lebensnotwendigen Bedürfnissen. Die Lust auf Sex gehört so fest zu unserer Grundausstattung wie der Drang Klein-Annas, zu brüllen, wenn sie nasse Windeln oder Hunger hat. Das nach dem Lustprinzip arbeitende Reich unserer Triebe und Wünsche nannte Freud unser *Es* – als Kind sind wir praktisch nichts anderes. Jetzt weißt du, warum dich die Dreikäsehochs manchmal fast zum Wahnsinn treiben. Je älter wir werden, desto mehr wird von uns verlangt, dass wir uns zusammenreißen und nicht jedes Mal ausrasten, wenn wir nicht kriegen, was wir wollen. Mit anderen Worten – dass wir realistisch werden. Es sei denn, du willst hinter Gittern landen.

Wenn wir schon beim Sex sind: Unser Sigmund war so tollkühn, zu behaupten, dass selbst die lieben Kleinen Lust drauf haben. Da ging aber was ab in Wien! Mir fällt dazu ein Sprichwort ein: Wenn du einen Stein in ein Rudel Hunde schmeißt, brüllt der am lautesten, der getroffen wird. Oder anders gesagt: Vielleicht röhrte die Wiener Eisbergspitze so laut, weil sie den übrigen Eisberg so lang und so tief – »verdrängt« hatte.

Heute zuckt natürlich kein Mensch auch nur mit der Wimper, wenn jemand so was zum Besten gibt. Aber damals, als die Leute so verklemmt waren, dass sie sogar die *Tischbeine* verhüllten, war's geradezu tollkühn. Aber Sigmund wusch seine Hände in Unschuld. Schließlich, so behauptete er, war der ganze Klumpatsch nicht auf seinem eigenen Mist gewachsen, sondern das Ergebnis von zig Interviews.

Die meisten Scherereien kommen unter anderem daher, dass die verklemmten Großen die lieben Kleinen dauernd anranzen, sobald sie nur ein bisschen an sich rummachen oder einander zeigen wollen, was sonst niemand sehen darf. Kein Wunder, sagte Sigmund, dass es bei den Großen so viele sexuelle Neurosen und Perversionen gibt. Er nannte die innere Kontrolllampe, die wir allmählich entwickeln, weil die Großen uns ihre Komplexe und ihre Moral um die Ohren schlagen, das *Über-Ich* – im Gegensatz zum *Ich,* das mein Wörterbuch als den Teil des Bewusstseins definiert, der »auf die Realität reagiert und ein Gefühl der Individualität« hat. Na ja.

Die nächste Nuss, die Freud sich zum Knacken vornahm, war das Bewusstsein. Wieder so ein Eisberg. Der Teil, den wir täglich benutzen und der macht, dass wir gut drauf sind – oder eben nicht –, passt in eine Streichholzschachtel, meinte er. Aber der andere, das Unterbewusstsein, in das wir unsere Gedanken eintunken, ohne es richtig zu merken, ist riesig und voll gestopft wie ein Altwarenlager. Die Ecke, in der das Zeug liegt, an das wir uns erinnern und das wir deshalb immer mal wieder zum Auslüften rauszerren, nannte er das Vorbewusste. Dann gibt's aber noch jede Menge hässlichen Müll, den wir ganz weit hinten ablagern, und den bezeichnete er als das Unbewusste.

Ins Schlittern kommst du möglicherweise, wenn das Unbewusste nicht mehr genug Platz hat und in das Vorbewusste rüberschwappt. Das Beste wäre natürlich, da unten etwas auszumisten. Aber eigentlich können die meisten Leute mit ein bisschen Überdruck ganz gut leben. Wer andererseits den Deckel *zu* sehr draufhält, um das Unbewusste aus dem Vorbewussten rauszuhalten, den bezeichnen wir als neurotisch. Und das sind natürlich immer die anderen.

Am bekanntesten – und echt spannend – sind Freuds Ansichten über unsere Träume. In unseren Träumen, so sagte er, versucht das Unbewusste sich mit dem Bewussten zu unterhalten. Im Traum erfüllen wir uns unsere Wünsche. Kinder träumen oft ganz direkt von dem, was sie sich wünschen. Bei Erwachsenen bleibt das Objekt der Begierde dagegen häufig im Dunkeln. Wen wundert's, schließlich träumen wir meist nachts. Na ja, Freud meinte, dass es noch einen anderen Grund dafür gibt. Wir genieren uns ein bisschen. Unsere Kontrolllampe ist nämlich auch im Schlaf in Betrieb, allerdings auf Sparflamme. Das heißt, dass wir im Traum etwas – wenn auch nicht viel – mutiger sind, als wenn wir wach sind. Unwahrscheinlich, dass sich ein Bücherwurm im Traum in einen Axt schwingenden Lustmörder verwandelt. Weil wir uns aber selbst im Traum noch was vormachen, brauchen wir Typen wie ihn, Sigmund – behauptete *er* –, um die zensierte Botschaft zu knacken. Nicht die langweiligste Art, den Lebensunterhalt zu bestreiten, wenn du mich fragst.

Also Sigi, wenn wir schon dabei sind: hier ein Traum, echt aus dem Leben gegriffen. Neulich meinte mein Sprössling, wir sollten uns einen Hund zulegen. Obwohl ich keinen will, ließ ich mich auf die endlose, schwachsinnige Diskussion ein, ob es ein Pudel oder ein Rottweiler oder ein Alaskan Malamute sein soll. Ich war wohl ziemlich auf dem Hund, denn für mich ist ein Hund nichts als ein Hund, und ich verstand nur Bahnhof. Schließlich kamen wir auf einen englischen Hirtenhund. In der Nacht machte ich im Traum die Haustür auf, weil's geklingelt hatte, und draußen stand ein riesiger Bobbie in regenfester Kleidung mit Schlapphut, auf den Hinterbeinen. Er grinste mich fröhlich an und bot mir seine Dienste an. Als ich aufwachte, war ich etwas verwirrt. Da hatte ich doch gerade was in Freuds »Traumdeutung« gelesen? Aber sosehr ich mir den Kopf zerbrach, ich konnte keinen verdrängten und gleichzeitig einigermaßen einleuchtenden Seelenmüll finden. Es sei denn, ich mache mir Sorgen, ob ich meine Schäfchen ins Trockene bringe? Ach Sigi, wo bist du, wenn ich dich schon mal brauche?

(Seien Sie mir nicht böse, lieber Mr. Farman, aber ich glaube, Sie brauchen jetzt unbedingt eine lange, erholsame Pause! – Mit freundlichen Grüßen, Ihre Lektorin.)

13

Die Naturwissenschaft am Drücker

Am Anfang des zwanzigsten Jahrhunderts trainierten ein paar Denksportler für ein neues Rennen. Ihr Ziel war, wissenschaftlich zu beweisen, dass es Gott nicht gibt. Das fand der englische Mathematiker **Alfred North Whitehead** (1861 – 1947) ätzend und er fing an ein System auszutüfteln, in dem Gott und die Naturwissenschaften friedlich nebeneinander sitzen und sinnen können. Wie wir inzwischen wissen, war er nicht der Erste. Aber seit dem Mittelalter hatte die Naturwissenschaft so große Sprünge gemacht, dass er sich mächtig anstrengen musste, um alles unter einen Hut zu bringen. Was bei seiner Tüftelei rauskam, nannte er »Organismus-Philosophie«. Darin pries er die Beziehung zwischen Mensch und Gott als eine der wichtigsten Triebfedern dafür an, dass die Welt einigermaßen richtig tickt.

Er trat in die Fußstapfen der Empiriker und ging davon aus, wie er – und natürlich auch du und ich – das Leben *erlebt*. Klingt wie ein Werbespruch, aber ganz praktisch und einleuchtend, find ich. So wie er die Sache sah, ist unser Leben aber weniger eine Perlenkette aus einzelnen, abgeschlossenen Ereignissen oder Einheiten als – jetzt kommt's, ich kann nichts dafür – ein ständig sprudelnder Fluss aus ineinander verhakten Pulsschlägen. Stell dir das bitte mal kurz vor: Zehn Sekunden in deinem Leben mit allem *in* dir, *an* dir und *um* dich *rum*. Siehst du's? Okay. Dann verstehst du bestimmt, was Freddy

meinte, als er sagte, dass die Welt aus einer Masse »real seien-
der Wesenheiten« besteht. Sie entwickeln und verändern sich
nicht nur in einem fort, o nein, sie haben auch noch den Nerv,
einander anzulachen und Beziehungskisten zu knüpfen. Und
nur dieses dauernde Gewusel zwischen den Wesenheiten und
dem, was passiert, wenn sie durcheinander purzeln, um ihren
Platz zu finden, ermöglicht uns einen zuverlässigen Einblick in
den Lauf der Welt. Eine Art Wechselstrom, nehm ich an. Erinnern dich die Wesenheiten an Leibniz und seine Monaden aus
Kapitel 6? Dann liegst du richtig. Es gibt natürlich Unterschiede. Einer davon ist, dass die Monaden dicht und dauer-
haft sind, die Wesenheiten aber füreinander offen und kurz-
lebig – unser Mathegenie Whitehead nannte diese Eigenschaften »Gefühl«.

Und wo ist Gott abgeblieben? Er schafft Ordnung. Es liegt
bei ihm, wie das ganze Gewusel rumtanzt und die Welt formt,
wie sie sich uns heute präsentiert – mit allem Drum und Dran.
Ob Fisch oder Kokosnuss, Känguru oder Narzisse, ja selbst
Fußballrowdys und Coca-Cola sind Teil des Großen Plans.
Und je schneller wir das einsehen, desto besser. Bleibt die
Frage, ob sich Alfred vorstellen konnte, dass Gott den Sack
mit all den Wesenheiten noch mal irgendwo anders in die Luft
geworfen hat. Und ob es dort vielleicht jetzt grüne Männchen
oder Fleisch fressende Stiefmütterchen gibt?

Kleine Zwischenfrage: Wie stellst du dir einen Philosophen
vor? Einen typischen, der schon *viel* gedacht hat? Groß,
schlaksig, mit Adlernase, unmöglich angezogen, mit strubbe-
ligen weißen Haaren? Etwa so sah der englische Stardenker
Bertrand Russell (1872 – 1970) aus. Er gehörte zu den Leuten, die berühmt dafür sind, *dass* sie so unglaublich berühmt
sind. Noch bekannter als für seine denksportlichen Leistun-
gen war er dafür, dass er – selbstlos – für die Abschaffung der

Atomwaffen eintrat und – um einiges weniger selbstlos – den Frauen hinterher war wie sonst was. Er stammte aus einer piekfeinen Familie und erbte 1931 den Grafentitel. Das müsste mir auch mal passieren. Leider benahm er sich nicht ganz so, wie die königliche Familie das gern gesehen hätte. Aber die war ja auch bis dahin ohne Denker – und ohne Denken – super ausgekommen. Bertie galt allgemein als Genie. Nicht dass viele auch nur ein Wort von dem kapierten, was er von sich gab – aber er sah ganz einfach aus wie eins.

Am meisten Spaß machte ihm sein Mix aus Mathe und Philosophie, an dem er mit Freddy Whitehead (siehe oben) rumbosselte. Aber er produzierte auch pikante – und darum beliebtere – Ergüsse über alle möglichen anderen Themen. Sie entsprachen allerdings nicht ganz dem, was man von einem Mathematiker erwartet. Deshalb verlor er seine amerikanische Professur. An der New Yorker Uni wollte man nämlich nichts zu tun haben mit Schreibkram, den ein Gericht (!) als »wollüstig, libidinös, lüstern, unkeusch, erotoman, aphrodisisch, respektlos, engstirnig, unwahr und bar jeglicher Moral« abgekanzelt hatte. Klingt, als wär's ganz unterhaltsam, nicht? Bleibt zu erwähnen, dass Bertie 1950 den Nobelpreis für Literatur erhielt – womit, mein ich, allen klar ist, worauf *die* Typen aus waren.

Zurück zum Mathe-Philosophie-Mix: Bertie hatte im Sinn, den ganzen Mathe-Kram auf die Logik zurückzuführen, und zwar mit Hilfe von zwei echt klitzekleinen Voraussetzungen: Sämtliche mathematischen Lehrsätze mussten 1. in logische Aussagen überführt werden und 2. widerspruchsfrei allein durch formallogische Grundsätze bewiesen werden. Ein Klacks! Bertie und Freddy schafften das in gut zehn Jahren. Als dann das Zielpublikum allmählich schnallte, worum's überhaupt ging, glaubte Bertie bereits nicht mehr dran, hatte aber zum Thema Mathe nichts mehr auf Lager.

Der Logik blieb er zwar treu, aber nun machte er mehr einen auf Philosophie. Sein Schlüsselwort dazu hieß *Logischer Atomismus:* Nimm was Kompliziertes – streng logisch natürlich – auseinander, und du kommst der Sache auf den Grund. Ich bin mir nicht sicher, ob das immer so gut ist. Ich hab meinen Wecker in seine Einzelteile zerlegt und nun krieg ich ihn nicht wieder zusammen.

Viele Denkakrobaten hatten ihre helle Freude an etwas besonders Witzigem, mit dem Bertie sich befasste, nämlich dem logischen Widerspruch in der Sprache. Das hört sich, etwas vereinfacht, wie folgt an: Es gibt Mengen, die sich nicht selbst enthalten. Zum Beispiel enthält die Menge »Menschen« einen bestimmten einzelnen Menschen nicht. Aber es gibt auch Mengen, die sich offenbar selbst enthalten, zum Beispiel die Menge aller zählbaren Dinge. Denn sie ist selbst ebenfalls zählbar, nicht? Wie steht's aber mit der Menge aller Mengen, die sich nicht selbst enthalten? Enthält sie sich oder enthält sie sich nicht? Ob du's glaubst oder nicht: Wenn sie sich enthält, enthält sie sich nicht, und wenn sie sich nicht enthält – enthält sie sich doch. Schluck!

Wenn du – wie ich – Mühe hast, das in deinen Brummschädel reinzukriegen, dann versuch's mal damit: Ein Bayer brüllt auf dem Oktoberfest rum, dass alle Bayern lügen. Wenn tatsächlich alle Bayern lügen, lügt er selbst nicht. Aber da er Bayer ist, kann es ja nicht stimmen, dass *alle* Bayern lügen. Also lügt er *doch*.

Noch ein kleines Beispiel gefällig, übungshalber? Also: Du kommst an eine Straßenkreuzung. Zwei Straßen gehen ab und an jeder steht ein Kind. Du weißt, dass das eine Kind die Wahrheit sagt und das andere lügt, aber du weißt nicht, welches. Du willst zur Techno-Party, weißt aber nicht, welche Straße die richtige ist. Du darfst nur eine einzige Frage stellen und die Antwort darf nur entweder »ja« oder »nein« sein. Wie lautet die Frage?

Bertie hatte eine tolle Lösung für solche *Antinomien* (das sind Widersprüche, bei denen sich zwei gegensätzliche Aussagen gegenüberstehen, die beide beweisbar sind): Er erfand eine Art sprachliche Hackordnung. Darin werden die Dinge nach Typen auf verschiedene Ebenen verteilt. Vielleicht so ähnlich wie Pullis, Hosen und Unterwäsche auf verschiedener Höhe im Kleiderschrank? Was in Bezug auf die Dinge eines bestimmten Typs richtig oder falsch sein kann, lässt sich nicht unbedingt auf die Dinge anderer Typen übertragen. Pullis bei den Hosen? Nie! Als wär mir das je eingefallen. Also: Enthält eine gegebene Menge eine bestimmte wahre Aussage, ist es beknackt, diese Wahrheit mir nichts, dir nichts auf eine andere Menge zu übertragen. Genau genommen ist es nicht gerade falsch, aber, so Bertie, doch ein bisschen voreilig zu sagen, die Menge »Männer« sei zum Beispiel menschlich. Denn selbst wenn eine wahre Aussage so aussieht, als ob sie Dinge verschiedener Art unter einen Hut kriegt, hat sie eben nicht in jedem Fall die gleiche Bedeutung. Um das herauszufinden, müssen wir eine Sache schrittchenweise prüfen. Na ja, wenn du meinst, Bertie.

Damit du das Buch jetzt nicht gleich in die Ecke schmeißt, hier die Lösung für das Rätsel, wie du zur Techno-Party kommst. Du zeigst auf eine der beiden Straßen und stellst einem der beiden Kinder die Frage: Würde das andere Gör, wenn ich es frage, ob ich hier zur Party komme, mit »ja« antworten? Bekommst du die Antwort »nein«, bedeutet das, dass du auf der Straße, auf die du zeigst, hinkommst. »Ja« bedeutet, dass du dein Ziel nicht erreichst. Warum? Das musst du selbst rauskriegen. Spiel *alle* Möglichkeiten durch … schrittchenweise.

14

Existenzialismus oder Warum der Fehler immer bei dir liegt

Kierkegaard hatte behauptet, dass wir Menschen zwar einzigartig sind, aber eben doch nur verschupfte Figürchen auf dem begrenzten Schachbrett Welt. Sein deutscher Kumpel **Martin Heidegger** (1889 – 1976) war ähnlicher Meinung. Aber er setzte noch etwas mehr Dampf auf und behauptete seinerseits, dass der moderne Mensch im Vergleich zu seinen primitiven Vorfahren die Nähe zum »Sein« und die »Geborgenheit« darin *verloren* hat. Wenn ich von einer Autobahnbrücke auf die rasende Blechlawine runtersehe, kann ich mir gut vorstellen, was er meinte. Laut Heidegger geht das so weit, dass wir überhaupt nicht mehr rausfinden, was wahr und richtig ist. Nur ein paar Auserwählte haben die Chance, das Puzzle überhaupt – oder wieder – zusammenzusetzen. Er hat nicht verraten, wen er damit meinte, aber ich vermute, dass er an sich und seine Fans dachte. Auf alle Fälle hat *er* sich sehr darum bemüht.

Dabei ist die Lage alles andere als rosig. Wir Menschen haben nicht nur die Frage aller Fragen, nämlich die »Seinsfrage«, vergessen. O nein, viel schlimmer noch: Wir haben vergessen, *dass* wir sie vergessen haben! Und das ist ein himmeltrauriger Zustand. Es gibt jedoch einen Rettungsanker, der uns aus der Patsche hilft. Damit können wir die Seinsfrage – und unser Plätzchen an der Sonne – wieder finden: Wir müssen uns auf die ollen Vorsokratiker besinnen. Die hatten, so Heidegger, wenigstens noch ein bisschen Ahnung, was in der Welt abgeht …

Als Menschen sind wir, wenn es um das Sein geht, im Vergleich zu allem anderen »Seienden« im Vorteil. Und warum? Weil nur wir die Seinsfrage stellen können. Klaro, ein Hase, zum Beispiel, kann es nicht. *Unser* Dasein ist ein »Seinkönnen«, das sich entwirft und auf eine zukünftige Möglichkeit hin versteht – Martins Worte, nicht meine. Für mich heißt das, dass mir mein persönliches Dasein leider weiterhin als großes Fragezeichen erscheint. Klasse, was?

Um uns geplagten Menschen weiterzuhelfen, erfand unser Freund der Seinsfrage für die verschiedenen Arten unseres Daseins den Begriff *Existentialien*. Damit gab er ungewollt einer philosophischen Unterabteilung den Namen, mit der er gar nicht viel am Hut hatte: dem *Existentialismus*. Das ist der Klub der Leute, die glauben, dass sie am Schlamassel, mit dem sie sich rumschlagen, selber schuld sind. Die *Existentialien* beschrieb Heidegger als Grunderfahrungen, die wir als »Geworfenheit«, »Sorge«, »Angst« und andere unerfreuliche Zustände erleben. Sie stehen mit Gefühl, Gedanken und Sprache in Beziehung, den drei Hauptmerkmalen von uns Durchschnittsmenschen. Mit Hilfe dieser drei Eigenschaften müssen wir unsere Existenz hinterfragen: Wer bin ich? Wo bin ich? Was bin ich? Weshalb bin ich?, und immer so weiter. Nur dann haben wir annähernd die Chance, überhaupt was zu verstehen. Und erst wenn der Mensch auch die letzte – dunkle – Ecke seines Wesens ausgeleuchtet hat, kann er sein Potenzial ausschöpfen.

Heidegger ist dies persönlich beinahe gelungen. 1933 wurde er zum Rektor der Uni Freiburg ernannt. Leider sang er dann eine ganze Weile kräftig im nationalsozialistischen Chor mit. Je länger das Konzert allerdings dauerte, umso mehr verschlug es ihm die Stimme. Er hatte das Nazi-Gebrüll fälschlicherweise für eine praktische Anwendung seiner Seins-Theorie gehalten. Aber mein Gott, bald sah es *total* anders aus. Die Demokratie ging flöten und mit ihr auch noch der letzte Rest Achtung vor allem Lebendigen.

Sein großer Irrtum kostete ihn die Stelle. Von da an hielt er sich aus der aktuellen Politik heraus und lebte zurückgezogen auf der Alp. Naja, wenigstens fast. Er schaute den Wolken nach und sah, wie die Bäume blühten und verwelkten. Und sein Entsetzen über die gnadenlose Ausbeutung wurde immer größer: »Warum schweigt die Erde bei dieser Zerstörung ...« Doch da war es schon zu spät.

Leicht schräg wirkt die Tatsache, dass schlaue französische Intellektuelle ausgerechnet unseren Martin aus dem Schwarzwald zum Propheten der politischen Linken hochstilisierten. Ihnen muss entgangen sein, woher seine Verachtung für popelige Massenkultur kam: aus der Überzeugung nämlich, dass er, seine engsten Fans und sein schönes Land über jedes noch so tolle Wolkenkuckucksheim der Linken erhaben waren. Man nennt so was einen »positiven Irrtum«.

Ein anderer sehr bekannter deutscher Topdenker des zwanzigsten Jahrhunderts war **Karl Jaspers** (1883 – 1969). Als er spitzkriegte, dass er die Wirklichkeit mit Vernunft und Wissenschaft allein nicht erklären konnte, versuchte er es mit der *Existenzphilosophie*. Das heißt, er ging beim Denken von der Existenz des einzelnen Menschen aus. Jaspers war Prof an der Uni Heidelberg, aber als Jude kam er bald unter die Räder: 1937 wurde er von den Nationalsozialisten »entfernt«. Immerhin konnte er im Gegensatz zu den vielen, die »endgültig entfernt« worden waren, sein Amt 1945 wieder antreten.

Er hasste die aufgeblasene »Professorenphilosophie« des späten neunzehnten Jahrhunderts. Nur Hegel, Kierkegaard und Nietzsche fanden bei ihm Gnade. Vielleicht wundert dich das – ausgerechnet Nietzsche? Der sich in manchen Dingen anhörte wie ein Obernazi? Na ja. Jaspers schaute großmütig über diese Einzelheiten hinweg. Er fand es einfach superspannend, dass Nietzsche sich ganz direkt mit uns Menschen und den Umständen befasste, mit denen wir uns im Leben rumschlagen müssen – und er konnte sich an seinen raffinierten Wahnsinnstheorien gar nicht satt lesen.

Echt richtig abgehen, so meinte Karl, kann die Denkakrobatik erst dann, wenn die Vernunft auf der Suche nach Gewissheit Schiffbruch erlitten hat. Ist das nicht ein toller Vergleich? Als Teststrecken für unsere Forschungsfahrt nannte er Leiden, Scheitern, Kämpfen, Schuldig werden und Sterben. All das sind Grenzsituationen, denen wir nicht ausweichen können. Solche persönlichen Erdbeben sind sozusagen das Startloch für die Existenzphilosophie. Sie helfen uns auf die Sprünge: damit wir uns an den Gedanken gewöhnen, dass wir alle früher oder später den Löffel abgeben müssen – und damit wir uns vorher etwas anstrengen, um aus der Sache was Gutes zu machen, auch wenn wir dafür leiden müssen. Jaspers Art der »Existenzerhellung« zog einen ganzen Pulk vom Leben angeknackster Typen an, deren wichtigste Tätigkeit im Denken bestand.

Zu ihnen zählte auch ein gewisser **Jean-Paul Sartre** (1905 – 1980), der in Paris studiert hatte und Philosophiepauker war. Er dröselte an der Existenzphilosophie so lange rum, bis er den *Existentialismus* erfand, eine Unterart dazu, die derart abging, dass ihm die Jugend bald scharenweise hinterherlief. Mit Gott hatte er gar nichts mehr am Hut und von einer Wirklichkeit irgendwo außerhalb von uns Menschen wollte er absolut nichts hören. Er war erklärter Marxist und blieb es, auch nachdem er aus der Kommunistischen Partei ausgetreten war. Für ihn hatten Marxismus und Existenzialismus vieles gemeinsam, so ihre Vorstellung von »Gesellschaft« und das Ziel, das menschliche Recht auf Freiheit in Form von politischer Freiheit zu verwirklichen. Komisch kommt mir in dem Zusammenhang vor, dass so viele überzeugte Marxisten lieber in nichtmarxistischen Staaten lebten, wo sie – im Gegensatz zu marxistischen Staaten – frei raus sagen konnten, was sie dachten.

Aber ich schweife ab. Wir Menschen, meinte Sartre, sind bei der Geburt so blank wie eine weiße Wand und – zur »Freiheit verurteilt«. Wenn das nicht nett klingt … Was immer du tust, du bist dafür verantwortlich. Und wenn du hinterher noch so sehr heulst und bereust, das bringt dir nichts. Selber schuld! Sag ich doch schon die ganze Zeit. Und versuch bloß nicht dich vor der Verantwortung für die ganze Sch …, ich meine Schweinerei, gleich von vornherein zu drücken. Damit schiebst du nur die Verantwortung ab und sagst, dass an all dem Mist, den du baust, und an all den idiotischen Straßengabelungen, an denen du dich dauernd entscheiden musst, die Gesellschaft schuld ist – weil sie dir miese Karten in die Patschhand gedrückt hat. Mit anderen Worten: Ich kann nichts dafür, heul, schluchz, die anderen sind an allem schuld! Nein, nein, sagte Sartre, im Gegenteil. Du und ich und jeder Mensch – selbst Superman – sind schuld am Bösen in der Welt, auch wenn wir uns hin und wieder eine Heldentat abtrotzen. Übrigens: Heldentaten können selbst die irrsten Zombies bringen – Goofy so gut wie WWW-Killer Virunet.

Die wichtigste Freiheit – merk dir das endlich! – ist die, zu sagen »nein danke«, wenn die gute alte Fee namens Verführung an die Tür klopft. Du kannst sie allerdings nur dann abwimmeln, wenn dein Freiheitsbewusstsein auf vollen Touren läuft. Und wenn das Leben noch so hart zuschlägt: Bevor du deine letzte Reise antrittst, musst du so durchtrainiert sein, dass *du* bestimmen kannst, was aus dir wird. Denn »der Mensch ist nichts anderes, als wozu er sich macht«. Klingt etwas anders als das, was man sonst zu hören kriegt, nicht? Sonst sind immer die Mütter schuld oder das Wetter oder der Vollmond, wenn jemand Mist baut.

Die Existenzphilosophie war nicht das einzige Wildwasser, das man in der ersten Hälfte des zwanzigsten Jahrhunderts geistig runterkurven konnte. Daneben kam zunehmend eine neue Bewegung in die Gänge: der *Logische Positivismus*, auch *Neopositivismus* genannt. Eine der Hauptpersonen in dieser Disziplin war ein Typ namens **Ludwig Wittgenstein** (1889 – 1951). Er hatte schon bald einen Fanklub deutschsprachiger Schlauberger, unter ihnen **Moritz Schlick** (1882 – 1936) und **Rudolf Carnap** (1891 – 1970), die den so genannten *Wiener Kreis* bildeten.

Sie wollten endlich mal über was anderes nachgrübeln als über das Universum, die Welt, das Dasein oder die Erkenntnis. Also behaupteten sie – ohne rot zu werden –, dass die einzige Aufgabe der Philosophie darin besteht, »den Sinn von Behauptungen und Fragen zu suchen«. Und damit sie mit ihrer Suche anfangen konnten, machten sie erst mal einen Unterschied zwischen sinnvollen und sinnlosen Sätzen. Allerdings nicht so, wie du dir das jetzt vielleicht denkst. Von wegen »Der Verlierer hat verloren« oder »Der Anfang kommt vor dem Ende«.

Nein, die Neopositivisten glaubten, dass ein Satz – abgesehen von Grammatik und Syntax – nur dann sinnvoll ist, wenn wir ihn durch Erfahrung sozusagen beweisen können. Denn wie die ollen Positivisten (siehe dort) behaupteten sie, dass wir

137

nur das wissen und prüfen können, was wir tatsächlich erfahren haben. Oder erfahren *könnten* – wenn wir erst ein bisschen auf Trab kommen. Dummerweise sind nun schon für den Beweis einer klitzekleinen Tatsache zig klitzekleine Erfahrungen oder Beobachtungen nötig. Das heißt, dass wir eben doch nie so ganz sicher sein können. Kommt dir was bekannt vor? Richtig: Wir haben es natürlich mit Empirikern zu tun. Dazu hatten sie von Bertie Russell und Freddy Whitehead eine Menge über mathematische Logik mitgekriegt. Und darum sind sie *logische Empiriker*. Kapiert? Logo!

Zurück zu unseren Sätzen: Wir müssen einen sinnvollen Satz also als wahr oder falsch beweisen können. Ein Beispiel: Wenn Kurt behauptet: »Im Jenseits spielen die Blumen Fußball«, ist das total sinnlos, denn kein Experiment kann jemals beweisen, ob er wahr ist. Sagt Helga aber: »Wenn Großvater das Knie wehtut, regnet's am nächsten Tag«, so ist der Satz durchaus sinnvoll. Denn wir können ihn nachprüfen. Dabei darf er ruhig falsch sein – Hauptsache er ist *verifizierbar*.

Verrückt, was? Aber es kommt noch verrückter. Die Typen sagten seelenruhig, praktisch alles, was die vielen klugen Köpfe bisher an Antworten auf denksportliche Fragen, an frommen Studien oder über Moral und Anstand aus sich rausgequetscht haben, ist nicht mal das Papier wert, auf dem es steht. Denn es ist nicht verifizierbar. Das heißt, ich kann das Skript hier – und eine Menge Superwälzer – gleich ins Altpapier tun. Ach was, diese Schlauberger sollen mir mit ihren »Beweisen« doch den Buckel runterrutschen. Oder wollt ihr ein Beispiel hören? Ehrlich? Okay: Ein Satz wie »Mord ist böse« enthält nur *eine* beweisbare Beobachtung, nämlich »Mord ist«. Denn »Bosheit« als Begriff können wir weder messen, beobachten noch Gassi führen oder sonstwie dingfest machen, also nicht verifizieren. Folglich ist der Satz sinnlos.

Ich nehme mal an, dass sie Sätze wie »Ludwig ist doof« nach der gleichen »Logik« grinsend in den Abfalleimer mit dem Etikett »Sinnloses« spedierten. Dort landeten bei diesen Typen alle Feststellungen dieser Art, ob sie sich nun auf Philosophie, Theologie, Metaphysik, Ethik oder ein Picknick bezogen. Für sie war das reiner Sprachmissbrauch. Also fort damit.

Nichts konnte sie bremsen. Klar, dass sie auch vor Gott nicht Halt machten. Schließlich hat ihn noch kein Mensch je gesehen, ihm die Hand geschüttelt oder sogar ein »Kännschen« Kaffee mit ihm getrunken – auch wenn welche das Gegenteil behaupten: Für Ludwig und Co. wären das lauter »sinnlose Sätze«.

Diese neue Art zu denken sah die Bedeutung der Wörter allein dadurch bestimmt, *wie wir sie benutzen*. Nichts von abgehobenen, idealisierten Begriffen, unter denen sich kein Mensch was vorstellen kann. Aber auch kein neuer philosophischer Ansatz: Für Wittgenstein war die Philosophie mit der Beschreibung der Sprache zu Ende. Nicht so für uns – und für ein paar eifrige Denksportler, auf die der Logische Positivismus eine durchschlagende, wenn auch etwas undurchsichtige Wirkung hatte: Sie erfanden die *Analytische Philosophie* und zerpflückten damit die Sprache, mit der uns die Denksportler ihre Fragen an den Kopf werfen. Damit wollten sie rauskriegen, ob die Fragen was taugen oder nicht.

Selbst wer mit dem Logischen Positivismus nichts am Hut hatte, gab immerhin etwas zu: Es war ganz nützlich, dass sich endlich jemand um die Sprache und ihre »Bedeutung« kümmerte, statt sich auf Teufel komm raus mit Fragen nach Wahrheit und Lüge rumzuschlagen und dabei nach Lust und Laune verwaschene Begriffe zu erfinden. Damit laufen wir auf der denksportlichen Bahn noch eine Runde weiter.

Der Amerikaner **Willard van Orman Quine** (geb. 1908) aus dem Klub der Analytischen Philosophen geht bestimmt schon deshalb in die Geschichte ein, weil er der einzige Denksportler ist, dessen Name mit Q anfängt. Damit könnte ich das Dialogfeld Quine auch schon wieder schließen, aber er steht nun mal in der Hitliste der modernen Denker. Also, dann wollen wir mal: Als junger Spund saß er kurze Zeit im Wiener Kreis rum, bis er dessen Denkakrobatik locker durchtrainiert hatte. Dann verließ er die Runde, weil ihm der Kram nicht mehr weiterhalf. Dankbar, was? Na ja, immerhin hat er später sein Hauptwerk Rudolf Carnap gewidmet.

Sein Hauptproblem war, ein gut gefedertes Sprungbrett zu finden, von dem aus er mit einem Satz allgemein gültige Vorstellungen, Verständigungsformen und/oder Wörter und Redensarten, die das Gleiche bedeuten, unter einen Hut bringen konnte. Mit anderen Worten: Er wollte das Verhältnis von Sprache und Wirklichkeit klären. Aber das war erst der Anfang.

Je länger er darüber nachdachte, desto komplizierter wurde die Sache. Schließlich äußerte sich Quine recht hochnäsig über die Sprache, die wir verwenden, um unsere Gedanken und Ansichten auszudrücken. Unsere zweckbestimmten Spracheigentümlichkeiten – so nennt man das also! –, die den Dingen den Stempel wahr oder falsch einfach aufzwingen, lassen sich, so behauptete er, nur schlecht mit der wissenschaftlichen Weltsicht vereinbaren. Sie sind deshalb zweitklassig, weil ziemlich ungeeignet, wenn es darum geht, strikte, klare Fakten zu beschreiben. Für Menschen, die in der gleichen Gesellschaft aufgewachsen sind, reicht es vielleicht. Aber Begriffe aus anderen Kulturkreisen zu *übersetzen,* fand er geradezu kriminell. Das brachte ihm einigen Zoff bei der Konkurrenz ein.

Aus ähnlichen Gründen fand er es geradezu tollkühn, sich mit Hilfe einer sprachlichen Mischrechnung – siebzig Prozent reine, dreißig Prozent frisierte Wahrheit – an die Wirklichkeit heranzupirschen, wie dies so viele Denksportler versucht haben und immer noch versuchen. Fazit: Um die Welt präzis und treffend zu beschreiben, muss die Sprache wissenschaftlich oder mathematisch sein. Sonst fischen wir ewig im Trüben. Wer hätte das gedacht?

15

Wir haben's geschafft: Alles ist möglich

Karl Raimund Popper (1902 – 1994) muss ein echt cleverer Typ gewesen sein, dass er mit *dem* Namen für voll genommen wurde. Nach dem Studium in Wien arbeitete er eine Weile als Pauker, nahm aber dann 1937 einen Uni-Job in Neuseeland an. Und warum? Weil die Nazis vor der Tür standen und er jüdischer Abstammung war. Grund genug also, die Welt eine Zeit lang von einer anderen Warte aus zu betrachten. Sein erster *großer* denksportlicher Beitrag war eine säuberliche Lösung der Frage: Wie definiert man den Begriff Naturwissenschaft.

Bis dahin hatte man darunter verstanden, durch Beobachtung und Experimente zu allgemein gültigen Schlüssen oder Gesetzen zu gelangen: Mach Schießpulver heiß – und es wird dir Leid tun. Das Gegenteil dazu ist, durch logisches Auseinanderdröseln, also Analysieren, zu einem Ergebnis zu kommen. Dazwischen gibt's genügend Spielraum für Probleme. Und unser Mann hatte eine Witterung dafür. Man kann sich das Leben auch schwer machen. Er meinte, dass wir noch so lang und ausgeklügelt auf irgendwas starren können: Niemals ist das Ergebnis einer Testreihe logisch genug, um daraus auf eine allgemein gültige *Wahrheit* zu schließen. Auch wenn du hundertmal in die falsche Straßenbahn einsteigst, es ist immer noch nicht *sicher,* dass es nicht die ist, die du brauchst – sondern nur *wahrscheinlich*. Okay?

Ist ja wohl klar, behauptete unser Top-Popper munter, dass die Naturwissenschaft – zumindest der Teil, der sich mit allgemein gültigen Grundlagen befasst – sich an dieser lästigen Tatsache mit einer kleinen Hilfskonstruktion vorbeischmuggeln musste. Und zwar mit einer Art »Glauben«, dass es in der Natur so was wie Gleichförmigkeit gibt. Das hörten die betroffenen Kumpels nicht gern, aber ihm war's schnuppe. Er hatte noch mehr auf Lager. Dadurch, fuhr er fort, ist es schwierig, irgendwas zufrieden stellend zu definieren, und mit Sicherheit unmöglich, etwas zu beweisen – ohne wieder genau an dem Punkt zu landen, an dem man angefangen hat. Außer Spesen nichts gewesen. Damit wissen wir, dass allgemein Gültiges nicht bewiesen werden kann. Aber, meinte Popper schlau, das heißt noch lange nicht, dass wir es nicht »falsifizieren«, das heißt als falsch entlarven, und damit widerlegen können. Echt stark, der Typ.

Ein Beispiel: Laut Popper können zigtausend schwarz-weiße Pinguine durch die Gegend watscheln. Das beweist noch lange nicht die Behauptung, dass *alle* Pinguine schwarz-weiß sind und nicht fliegen können. Fliegt aber nur ein einziger himmelblauer Pingi über eine Eisscholle – hat er die Behauptung widerlegt. Sag bloß!

Daraus folgerte unser Karl messerscharf: Falsifikation ist der Schlüssel zur Naturwissenschaft. Oder anders gesagt: Die Wissenschaft spielt laufend russisches Roulett, wenn sie rumtestet, was man unter bestimmten Bedingungen beobachten kann. Denn es besteht ständig die Gefahr, dass sie ihre Theorien über den Haufen werfen, verändern oder auf den Müll werfen muss, wenn sich etwas Neues dabei herausstellt. Alles, was in der ganzen Wissenschaftsgeschichte je als der Weisheit letzter Schluss angepriesen wurde, steht auf wackligen Füßen.

Kaum fliegt ein einziger himmelblauer Pinguin daher – plopp, schon sind alle schwarz-weißen Schwestern und Brüder ihres Lebens – zumindest wissenschaftlich – nicht mehr sicher. Von wegen bleibende Werte! Kein Mensch kann sich genüsslich zurücklehnen und behaupten: »So ist das nun mal mit der Natur.« Das Einzige, an das wir uns ein bisschen halten können, ist die Zauberformel »bis dahin«. Sie gilt für all das, was sämtlichen Falsifikationsversuchen standgehalten hat – *bis jetzt*.

Der Amerikaner **Hilary Putnam** (geboren 1926) hielt das ganze Falsifikationsgewäsch für reinstes Kauderwelsch und sagte, dass eine Theorie gar nicht falsifizierbar ist, weil sie schließlich nie isoliert in der Landschaft rumsteht. Da hängt immer jede Menge Kram über alles und jedes mit dran, das im Universum rumschwirrt. Und wenn du echt auf was Ungereimtes triffst, kannst du immer noch entweder die Theorie in den Müll schmeißen oder den Sums, der dranhängt, je nachdem wie du dich gerade fühlst. Klingt, als könnten wir machen, was wir wollen, nicht?

Wie vor ihm Bertie Russell hat auch der fröhliche Hilary die absolut nervtötende Angewohnheit, jeden seiner Einfälle so lange zu drehen und zu wenden, bis sich das, was er zuerst gesagt hat, total ins Gegenteil verkehrt. Kann sein, dass er inzwischen Popper ganz cool findet – dafür sich selbst nicht mehr. Ich würde mich nicht wundern.

Damit sind wir schon voll in der *Postmoderne*. Das ist keine rein denksportliche Angelegenheit, sondern ein ganz allgemeiner Trend, der ab 1970 immer mehr abging. Unter diesen praktischen Begriff fallen eine Menge Dinge, die neu aussehen, aber nicht viel wirklich Neues bieten. Eine möglichst pflegeleichte Verpackung in schrillen Farben wurde wichtiger als der Inhalt. Und bloß kein Schnee von gestern – oder dann gleich richtig altmodisch und voll Rohr aufgemotzt. Alles wurde zum Witz und nichts blieb davor verschont. Im Ernst noch an Wissenschaft und Fortschritt zu glauben war out, hitverdächtige Eintagsfliegen und ausgelassene Lebenslust waren in.

Im Denksport kam es zur klammheimlichen Palastrevolution gegen Typen wie Kant, Hegel und Marx, die dauernd für den Fortschritt geworben hatten. Die Postmodernen lachten sich die Hucke voll über die idealistische Idee einer perfekten Welt. Ob auf der Verpackung »Evolution«, »bessere soziale Bedingungen«, »Bildung für alle« oder »wissenschaftlicher Fortschritt« versprochen wurde, war ihnen schnuppe.

Dafür kam Nietzsche noch mal zum Zug, obwohl auch er seine letzte Reise längst hinter sich hatte. Denn im Grunde hatte er als Erster den *subjektiven Perspektivismus* auf den Markt geworfen, der nun wie eine Lawine abging: Es gibt nicht *eine*, sondern viele *verschiedene* Wahrheiten, hatte er verkündet, je nachdem, woher – aus welcher Perspektive – wir den Scheinwerfer auf eine Sache richten. Auf die Idee waren natürlich auch schon andere gekommen. Aber er zog die Sache voll Rohr durch und sagte, die Perspektive braucht nicht nur eine persönliche – zum Beispiel deine – zu sein. Es kommt auch noch drauf an, wann du lebst, in welcher Kultur du lebst, ob du reich, arm, Gymnasiastin oder Rodeoreiter – und natürlich auch, ob du Frau oder Mann – bist. Und weil's zig verschiedene solche Ferngläser gibt, meinte er, können wir auch von zig verschiedenen »Wahrheitsfamilien« ausgehen. Jetzt stell dir den Schlamassel mal vor.

Nachdem du ein bisschen was von der postmodernen Einstellung kapiert hast, kannst du das Folgende vielleicht ohne allzu viel Zähneknirschen zur Kenntnis nehmen: Es gab Typen, die dieses subjektiv perspektivistische Denken so weit trieben, dass sie logisch, wenn auch total bescheuert allen Ernstes behaupteten, dass – objektiv – weder der Massenmord am jüdischen Volk noch der Zweite Weltkrieg je stattgefunden haben. Dafür konnte Nietzsche aber echt nichts.

In seinem Aufsatz »Das postmoderne Wissen« versuchte uns der Franzose **Jean-François Lyotard** (geboren 1924) zu verklickern, was wir tun können, damit uns all das viele Wissen, das durch die moderne Technologie wie ein Sturzbach auf uns einprasselt, den Boden unter den Füßen *nicht* wegzieht. Er kam dabei auf den netten Vorschlag, alle wissenschaftlichen Errungenschaften zum Wohl der Menschheit auszuschlachten. So ein Optimist. Ich hoffe, wir sind schnell genug.

Den Versuch, irgendwas mit Hilfe traditioneller – siehe Kapitel eins bis dreizehn – Erkenntnisstrukturen rauszufinden, sollten wir aber lieber gleich bleiben lassen, meinte er. Auch können uns weder Geschichte noch Gesetzmäßigkeiten *eine* geschlossene Beschreibung von dem geben, was in der Vergangenheit abging. Dafür bieten sie uns verschiedene, *mehr oder weniger* zutreffende Varianten davon. Da müssen wir zugreifen und aus den – unendlich vielen (!) – Puzzleteilchen ein immer wieder neues Bild machen. Los geht's!

Auch **Michel Foucault** (1926 – 1984) gehörte zum postmodernen Denksportklüngel. Er war viel realistischer und längst nicht so abgehoben wie Lyotard. Als besonderes Hobby nahm er unter die Lupe, wie wir im Westen einzeln, aber auch im Chor – das heißt in Institutionen – Wissenschaft und Vernunft als Machtmittel benutzen, dies vor allem in der Psychiatrie und in der Kriminologie. Er wetterte darüber, wie wir mit »Wahnsinnigen« verfahren, und kanzelte die scheinbar fortschrittlichen, sanfteren Methoden als politische und soziale Kontrolle ab. Eigentlich kein Wunder, dass er das »Verschwinden der Menschheit« verkündete. Gott sei Dank meinte er es nicht wörtlich. Er fand bloß, dass wir in den letzten paar tausend Jahren genug über uns gelabert haben und nun endlich über das Spinnennetz von Systemen reden sollten, das uns in Zukunft zeigt, wo's lang geht. Selbstbestimmung, ade! Das ging nicht zuletzt gegen die Existenzialisten und die Marxisten – die sofort voll Rohr zurückschossen. Leider konnte Michel seinen Standpunkt nicht mehr lange verteidigen. Er starb als einer der Ersten an Aids.

Meist wird er in einem Atemzug mit einem weiteren Franzosen genannt: **Jacques Derrida** (geboren 1930). Seit Jahren zerbrechen sich die Leute den Kopf darüber, ob er ein Genie oder ein Narr ist. Am meisten nervt er die analytischen Philosophen – vor allem die nichtfranzösischen. Er behauptet nämlich, dass man sich unter ihrem Denk-Knusperhäuschen, auch wenn es noch so hübsch pseudowissenschaftlich verziert ist, praktisch alles vorstellen kann, was einem gerade in den Kram passt.

Als Beweis und um die andern echt schachmatt zu setzen, kam er mit dem Begriff *Dekonstruktion* daher. Er wendete ihn zuerst auf unser Verhältnis zu Wort und Schrift an. Inzwischen ist der *Dekonstruktivismus* auch in der Architektur bereits voll im Gang – und geht auf vielen weiteren Gebieten ab. Wenn man bedenkt, dass »dekonstruieren« wörtlich übersetzt so was wie »zerpflücken« heißt, kann einem angst und bange werden. Aber wir können das Puzzle ja wieder zusammensetzen (siehe Lyotard).

Derrida behauptete, dass die westliche Philosophie das Geschriebene zum bloßen Anhängsel des Wortes degradiert hat. Nun stecken in jedem klitzekleinen Schriftstück, selbst im besten, die irrsten Widersprüche. Diese knabbern buchstäblich (!) so lange an dem rum, was dieses Geschreibsel eigentlich meint, bis nichts mehr davon übrig ist – zumindest das Wichtigste nicht. Und lass dir gesagt sein: Wenn du was schreibst, *merkst* du nicht mal, was da zwischen Text und Bedeutung für ein Boxkampf läuft. Da kannst du so knallehrlich Tagebuch führen, wie du willst. Huch! Mir fällt was ein: Das heißt doch, dass dieses kleine Buch hier, an dem ich gerade über Denksport, Derrida und die Dekonstruktion schreibe – in Wirklichkeit von was ganz anderem handelt.

Jetzt hab ich aber endgültig die Nase voll. Derrida kann mir mit seiner Dekonstruktion echt den Buckel runterrutschen. Aber irgendwann wird ihm das Grinsen im Hals stecken bleiben. Wenn ich die Sache nämlich logisch bis zum bitteren Ende durchkaue, dekonstruiert sie sich selbst – und dann kann er sie sich sonst wohin stecken.

Logische Schlussfrage

Wozu das Ganze?

Ich sitze in meinem Arbeitszimmer, vor mir der PC, und starre nachdenklich aus dem Fenster. Es ist ein wunderbar klarer Abend hier draußen in Wandsworth. Die Blinksterne müssen dieselben sein, zu denen Eric und ich damals hochgeschaut haben. Mein Häuschen steht nur fünf Meter vom Festlandrand entfernt und ist stark unterspült. Aber nicht nur deshalb steht mir die philosophische Perspektive des jederzeit möglichen Nichts oder des potenziell jederzeit nicht mehr Seienden vor Augen. Monatelang hab ich mich – für dich – in Bücher vergraben und rausgefriemelt, wie die Menschen in unserem Teil der Erde versucht haben mit dem Universum klarzukommen und ein Plätzchen zu finden, wo sie ihre Hängematte für Geist und Seele hinknüpfen können. Und nun kommt der Moment, da der Elefant das Wasser lässt: Ich muss die ganze Geschichte auf die Reihe kriegen.

Wir haben gehört, wie die ollen Griechen den Denkball ankickten und schon ganz nett rumdribbelten, als die römischen Rüpel sie zum Schweigen brachten. Wir haben erfahren, dass die Geburt von Klein Jesus eine Religion ins Rollen brachte, die unser Denken das ganze zappendustere Mittelalter lang beherrschte. Wir waren dabei, als die italienischen Schlauberger in der Renaissance das griechische Geschreibsel entstaubten und tapfer versuchten Wissenschaft und Gott auseinander zu dröseln. Und wir sahen, wie sich das denksport-

149

liche Zentrum in Windeseile durch ganz Europa verschob wie ein amerikanischer Tourist.

Dann kam Darwin und steckte ein für alle Mal den Tiger in den Tank. Er behauptete nämlich, dass wir keineswegs Nachfahren der menschlichen Prototypen namens Adam und Eva sind, sondern alle aus derselben trüben Urzeitsoße stammen. Dies löste bei den frommen Denksportlern den Rückwärtsgang aus und sie versuchten Gott auf die Bühne zurückzuzerren – mit unterschiedlichem Erfolg. Ja, und dann: Kannst du dich an all die deutschen Denkakrobaten des achtzehnten und neunzehnten Jahrhunderts erinnern, die uns das Gruseln über das »Ding an sich« und den »Weltgeist« lehrten? Und weißt du noch, wie andere bald danach mit Fingern auf die Ungerechtigkeiten in unserer Gesellschaft zeigten – und daraus ganz verschiedene Schlüsse zogen?

Im zwanzigsten Jahrhundert – und gegen Ende meines erhabenen Werks – taten sich dann ein paar besonders schlaue Typen hervor. Ohne Hirntransplantation hatten wir praktisch keine Chance, auch nur ansatzweise zu kapieren, wie sie das Denken mit Mathe verquasten. Ihnen folgten die etwas leichter durchschaubaren Trainingsrunden von Freud und Co., die den Denksport ausübten, um uns vor dem Überschnappen zu bewahren – und davor, am Ende Foucault vor den Griffel zu kommen. Dann redeten uns die Existenzialisten ins Gewissen, wir sollten endlich aufhören immer den andern die Schuld in die Schuhe zu schieben und uns zusammenreißen. Am Ende landeten wir bei den Postmodernen – irgendwo musste ich ja aufhören. Von denen versuchten einige besonders seltsame Exemplare die Welt davon zu überzeugen, dass alles, was je geschah – gar nicht geschah. Die anderen zerpflückten, was ihnen vor die Augen kam, und schmissen uns den Schrott vor die Füße: Zurzeit sind wir damit beschäftigt, daraus immer wieder neue Bildchen zu entwerfen.

Aber was bringt uns das alles? Wissen wir jetzt auch nur ein bisschen besser, wie wir Menschen ticken? Mein guter S. E. Frost meinte in seiner Einführung in die Philosophie, dass wir es mit einem gigantischen, absurd komplizierten Puzzlespiel aus aberwitzig vielen klitzekleinen Teilchen – unseren Erfahrungen – zu tun haben, die über den ganzen Saftladen verstreut sind. Wir Deppen strengen uns unser Leben lang an, die Teilchen zusammenzukriegen. Und wie im echten Leben und bei einem echten Puzzle stolpern wir dann und wann über ein paar Fitzchen, die zusammenpassen und einen Sinn ergeben – zumindest auf den ersten Blick. Diese »fertigen Stücke« legen wir erleichtert zur Seite. Dann stürzen sich denktrainierte Fachleute drauf und legen sie aneinander – falls es ihnen nicht einfällt, sie wieder auseinander zu reißen! –, damit wir etwas mehr vom Bild sehen und es, wer weiß, vielleicht sogar verstehen.

Klar, dass selbst das größte Genie der Welt dieses kosmische Puzzle nie ganz fertig kriegt – Bewerbungen sind allenfalls handschriftlich an die Adresse des Verlags zu richten. Nur ein einziges Wesen kann das. Und um rauszukriegen, *wer* das ist, brauchst du weder dreimal zu raten noch den Tipp, dass sein Name mit G anfängt …

Wenn du mich fragst, ist die Geschichte des *Denksports* – genau das: ein ewiges Training unserer Hirnwindungen mit dem Ziel, in der Rangliste nach oben zu kommen. Da verkündet ein Typ großspurig ein paar heiße Sätze als ANTWORT auf eine ebenso heiße FRAGE und schon drängelt ein anderer vor und zerpflückt sie postwendend. Kaum rekelt sich die zweite Intelligenzbestie auf dem (Lehr-)Stuhl der ersten,

151

taucht auch schon eine dritte auf und beendet den Traum auf die Schnelle, bloß um dann ihrerseits verzückt in selbstgefälliges Strahlen zu verfallen. Aber nicht lange, denn schon kommt wieder jemand … Der Rest ist: die Geschichte der Philosophie.

Eins ist sicher: Das Fachchinesisch wurde immer hemmungsloser und kauderwelscher, je weiter ich vorankam. Gegen den Schluss meines Wunderwerks ging mehr Zeit dabei drauf, mit Hilfe von zig Wörterbüchern dem Sinn einzelner Begriffe auf die Schliche zu kommen, als dafür, rauszukriegen, was das Ganze bedeutete, wenn ich sie aneinander hängte. Ein Schachtelsatz aus Begriffen mit jeder Menge Bindestrichen kommt uns Normalsterblichen vor, als hätten wir gerade mühsam *lesen* gelernt. Den Kram auch noch zu *verstehen* können wir uns erst gar nicht vorstellen. Gelingt es dann doch, die Geheimsprache zu entschlüsseln, kommt oft etwas verblüffend Einfaches und nicht selten ziemlich Naheliegendes zum Vorschein.

Genau genommen tun Philosophen nicht viel anderes, als eine überraschend begrenzte Anzahl Begriffe ihres Kauderwelschs immer wieder durchzuschütteln und neu aneinander zu reihen, um uns Deppen zu zeigen, was in ihren Köpfen abgeht. Nach allem, was ich mitgekriegt habe, wage ich rotzfrech zu behaupten, dass es in der Philosophie in erster Linie um Wörter geht – Wörter, Wörter und noch mehr Wörter. Und deshalb kriegst du hiermit den Grundwortschatz für die ersten Runden auf der denksportlichen Rennbahn in die Hand gedrückt. Wenn du *mein* Urteil über diese Disziplin zu postmodern findest – *dann steig selbst ins Rennen!*

Register

Bücher mit Themen, die unter die Haut gehen – für Leser ab 14

Jean Ferris
Wir werden das Kind schon schaukeln
OMNIBUS Nr. 20214
Als die 17jährige Daphne schwanger wird, will sie zunächst abtreiben, beschließt aber dann, das Kind auszutragen und danach zur Adoption freizugeben. Neue Freunde helfen ihr, ihr Leben in die eigene Hand zu nehmen – auch mit Kind.

Robert Griesbeck
Nur keine Panik, Kutti
OMNIBUS Nr. 20213
Kutti ist verliebt. Aber nicht in die blonde Marion, sondern in Steffi, an die er aber nicht herankommt. Aber seine Unschuld raubt ihm ganz unerwartet die freche Annabell ... Ein mit Sprachwitz, Tempo und Augenzwinkern geschriebener Roman über »das erste Mal«.

Robert Lipsyte
k.o. Das Leben ist härter als die Faust
OMNIBUS Nr. 20210
Sonny Bear, 17, halb Indianer, halb Weißer, wurde zum Boxer ausgebildet. Aber er will lieber zur Armee, wo er sich rassische Chancengleichheit erhofft. Auf der Suche nach seiner Mutter, deren Unterschrift er braucht, gerät er in die Fänge einer Drogendealer-Bande und verliebt sich in die süchtige Doll ...

Heiko Neumann
Schweigemund
OMNIBUS Nr. 20139
Jahrelang hat Nadine ein Geheimnis mit sich herumgetragen. Ihr Stiefvater hatte ihr einen Schweigemund auferlegt, ihr mit Strafen gedroht. Doch als sie 13 war, hat Nadine das Geheimnis preisgegeben: daß sie sexuell von ihm mißbraucht worden ist ... Ein kompetentes Buch, das Hilfe und Aufklärung leistet und ein Adressenverzeichnis von Beratungsstellen enthält.

Harald Tondern
Der Einsatz. Stell Dir vor, es ist Krieg, und Du mußt hin!
OMNIBUS Nr. 20140
Ein aktuelles Thema: Deutsche Soldaten nehmen an einem bewaffneten UNO-Einsatz teil. – Die Bundeswehreinheit von Max wird zum UNO-Einsatz in Tibet ausgewählt und gerät dort in einen wirklichen Waffengang. Verluste und Geiselnahmen sind die Folgen. Schließlich ergreifen drei Frauen die Initiative zur Befreiung, während die Militärführung nur hinhaltend taktiert ...

Der Taschenbuchverlag für Kinder und Jugendliche
von C. Bertelsmann

Abenteuer aus aller Welt und aus allen Zeiten – für Leser ab 12

Barbara Bartos-Höppner
Sturm über dem Kaukasus
OMNIBUS Nr. 20215
Die dramatische Geschichte des Aufstands der Kaukasus-Völker unter dem Imam Schamil gegen Rußland um die Mitte des 19. Jahrhunderts.

Werner J. Egli
Das Geheimnis der Krötenechse
OMNIBUS Nr. 20038
Mark Hill und sein Sohn Brian geraten mit ihrer Cessna in einen Blizzard und stürzen ab. Rätselhafte Spuren in der einsamen Gegend deuten auf einen geheimnisvollen Indianerstamm hin ...

Frederik Hetmann
Dermot – eine Saga aus Irland
Die Suche nach Deirdre
Band 1 der Dermot-Saga
OMNIBUS Nr. 20075
Dermot, der ein fahrender Sänger werden will, wird bei der Suche nach Deirdre, der schönsten Frau, die Irland je gesehen hat, von den Wesen der Anderswelt auserwählt ...

James Houston
Elfenbeinjäger im ewigen Eis
OMNIBUS Nr. 20043
Eines Tages erfahren Matt und Kayak von einem Binnensee in der Arktis, dessen Eisdecke geschmolzen ist. Verbergen sich in seiner Tiefe tatsächlich Tiere aus der Urzeit?

Allan Campbell McLean
Am Berg des Roten Fuchses
Abenteuer im schottischen Hochmoor
OMNIBUS Nr. 20051
Was als Erholungsreise in das schottische Hochmoor beginnt, wird für den 12jährigen Alasdair zu einem atemberaubenden Abenteuer ...

Doris Orgel
Der Teufel in Wien
Freundschaft im Schatten der Diktatur
OMNIBUS Nr. 20024
Da Lieselottes Vater zu den Nazi-Aktivisten gehört, gerät ihre Freundschaft zu der Jüdin Inge unter Druck. Das bewegende Schicksal einer Familie im »Dritten Reich«.

Günter Sachse
Hinter den Bergen die Freiheit
OMNIBUS Nr. 20042
1744 beschließt Familie Lindner aus der Pfalz, die ärmliche Heimat zu verlassen. In Amerika angekommen, fragen sie bald: Wann beginnt die erträumte Freiheit?

Günter Sachse
Die Meuterei auf der Bounty
Mit Landkarten und historischen Abbildungen
OMNIBUS Nr. 20008
Am 20. April 1789 kommt es zur Meuterei auf der »Bounty«. Kapitän Bligh, der ein unerbittliches Regiment geführt hat, wird mit 18 Getreuen ausgesetzt ...

Rainer M. Schröder
Im Zeichen des Falken
Band 1 der »Falken-Saga«
OMNIBUS Nr. 20212
Tobias Heller, Sohn eines Ägypten-Forschers, besitzt einen geheimnisvollen Ebenholzstock mit einem Silberknauf in Form eines Falkenkopfes. Und hinter dem ist Graf von Zeppenfeld her ...

Rainer M. Schröder
Auf der Spur des Falken
Band 2 der »Falken-Saga«
OMNIBUS Nr. 20230
Noch immer ist es Graf von Zeppenfeld nicht gelungen, in den Besitz des geheimnisvollen Stockes zu kommen. Tobias und sein Freund Sadik entkommen ihrem Verfolger nach Paris und nach England ...

Robert Swindells
Hydra. Zellkulturen aus dem All bedrohen die Welt
OMNIBUS Nr. 20142
Wanda, eine ehrgeizige ehemalige NASA-Mitarbeiterin, züchtet Zellen aus dem All. Eines Tages entdeckt Ben auf Kornfeldern seltsame Muster, deren Ursprung niemand kennt ...

Der Taschenbuchverlag für Kinder und Jugendliche von C. Bertelsmann